中国体育博士文丛

董事会资本对企业绩效的影响研究

——基于体育类上市公司的经验证据

金媛媛 著

北京体育大学出版社

策划编辑：秦德斌
责任编辑：秦德斌
责任校对：朱燕春
版式设计：李　鹤

图书在版编目（CIP）数据

董事会资本对企业绩效的影响研究：基于体育类上市公司的经验证据 / 金媛媛著. -- 北京：北京体育大学出版社，2019.6
ISBN 978-7-5644-3177-8

Ⅰ. ①董… Ⅱ. ①金… Ⅲ. ①体育产业—上市公司—董事会—影响—企业绩效—研究—中国 Ⅳ. ①F279.246②G812

中国版本图书馆CIP数据核字(2019)第119289号

董事会资本对企业绩效的影响研究
——基于体育类上市公司的经验证据　　金媛媛　著

出版发行：北京体育大学出版社
地　　址：北京市海淀区农大南路1号院硅谷亮城2B-421
邮　　编：100084
发 行 部：010-62989320
邮 购 部：北京体育大学出版社读者服务部　010-62989432

印　　刷：北京虎彩文化传播有限公司
开　　本：787 mm × 1092 mm　1/16
成品尺寸：157 mm × 235 mm
印　　张：12
字　　数：210千字
版　　次：2019年6月第1版
印　　次：2019年6月第1次印刷
定　　价：60.00元

序 言

在这个热情似火的六月，“荷风送香气，竹露滴清响”，很高兴看到我指导过的博士研究生、现任职于首都体育学院的金媛媛博士的个人专著《董事会资本对企业绩效的影响研究——基于体育类上市公司的经验证据》即将交付出版。

金媛媛博士的个人专著出版在即，令我不禁回忆起20多年前自己师从南京大学商学院周三多先生读博，然后毕业任职于南开大学商学院至今的情形。我虽长期致力于研究企业可持续竞争优势与公司治理交互作用，但实际上开展的研究多是基于多个行业上市公司的经验证据，对于体育行业，我其实并未给予过特别关注。然而，近几年在全国各地讲学和交流学习的过程中，我注意到有一个体育现象正在全国诸多城市方兴未艾，那就是全国很多城市都在竞相举办马拉松比赛。大致每个周日都有一场马拉松比赛，有时甚至一个周日有两三场马拉松比赛。身边越来越多的人走进健身房，注重运动，注重健身，“主动健康”的理念逐渐深入人心。此外，参加户外运动、现场观看体育赛事等日益成为一种风尚。

自北京联合张家口获得2022年冬奥会的主办资格以来，我国的冰雪运动开始如火如荼地展开。随之而来的，还有体育产业诸多利好政策的密集发布，尤其是全民健身和建设“健康中国”均上升为国家战略。在大众对健康生活方式的向往和国家利好政策的推动下，一场前所未有的资本风暴开始席卷体育产业，王健林、马云、许家印、黎瑞刚、郭广昌等商界大佬纷纷将橄榄枝抛向体育产业，或投资并购建立体育产业全版图，或建立体育产业集团，或打造全新的足球俱乐部，或搭建全球化的足球产业发展平台。一时间，体育产业的“春风”似乎已经吹来。

然而，目前国内体育产业上市公司还比较少，根本原因在于大多数体育公司尚不具备独立上市的资质要求。在目前的上市体系中，仅有极少数体育公司市值超过百亿人民币，千亿级别完全没有。为数不多的体育产业上市公司中，绩效表现也是大相径庭。一些公司，如探路者、中体产业、贵人鸟、互动娱乐等，借助政策契机持续成长并实现持续盈利；而另一些公司，如信隆健康、国旅联合等，净利下滑甚至严重亏损。

为什么在振奋的市场需求和诱人的政策契机面前，体育产业上市公司绩效会有如此大的差异？通过研究这些公司的年报及相关新闻报道不难发现，大多数绩效良好的公司董事会能力强、决策水平高，而绩效不佳的公司董事会实力偏弱，并伴随经常性决策失误。这些董事会战略决策和绩效相关的现象，引导金媛媛博士持续关注作为战略决策主体的董事会如何影响企业绩效的机理问题。因此，金媛媛博士应用公司治理领域特别是有关董事会治理比较前沿的理论，聚焦并深入研究体育产业上市公司的问题，这在体育人文社会学研究领域，应该是一个比较新颖的视角。

正是基于上述研究背景和管理实践的观察思考，金媛媛博士将研究专著的焦点聚焦在体育行业的上市公司层面上，并着力凝练出了“在全民健身国家战略背景下，体育类企业的董事会需要具备怎样的人力资本和社会资本，才能帮助企业获得成功？”这样的科学研究问题。全书的内容设计和展开随即围绕这一科学问题展开。在解读这一科学问题的过程中，金媛媛博士进一步将董事会的战略介入描绘成董事会战略决策行为的连续体，分析董事会的战略角色如何由消极观向积极观转变，对比研究了董事会战略治理所依据的结构观与能力观，构建了董事会资本的测度指标体系；以沪深两市2011—2016年的体育类概念股作为样本，采用多元回归分析方法，分别检验了董事会人力资本、董事会社会资本与企业绩效的关系，以及董事会激励和首席执行官（Chief Executive Officer，CEO）权力对两者关系的调节效应。

金媛媛博士开展的上述研究得到了一些富有启发性的研究结论。比如，依赖董事会资本,董事会介入企业战略决策过程；企业战略管理和公司治理研究的资源基础观及资源依赖理论为董事会资本与绩效的关系提供了理论依据，董事会激励和CEO权力影响董事会介入企业战略决策的有效性；董事会激励正向调节非国有控股企业董事会社会资本与企业绩效的关系；较小的CEO权力正向调节董事会资本和企业绩效的关系，较大的CEO权力负向调节董事会资本和企业绩效的关系。这些研究结论，从董事会资本的角度解析、解读和解构体育类上市公司的发展困境，进而打破了以往将体育类上市公司的发展问题归结于制度和环境的传统思维。因此，将董事会资本假设为影响企业绩效的前置因素并进行检验，为体育类上市公司的绩效研究提供了一个全新的视角。

实际上，金媛媛博士是国内管理学界较早应用董事会资本这一全球管理学界知名研究成果的学者。早在她还是我的博士生时，她就专注于该领域，并在2010—2013年连续发表了多篇有关董事会资本应用于中国情境下的研究论文。目前她完成的这部学术著作聚焦于作为公司治理核心机制的董事会的资本配置异质性，探索董事会人力资本和董事会社会资本影响董事会履职效能，进而影响企业绩效的内在机理。研究结果能够为中国体育产业上市公司理解和建设董事会、提升董事会治理有效性提供新的思路和借鉴，也可为相关监管部门进行董事、董事会评价提供依据。

不过，毋庸讳言，金媛媛博士本科和硕士阶段主修的是旅游管理专业，从2009年9月开始师从我进入公司治理和战略管理领域开展研究。这些学习和研究背景使得她在跟随我攻读公司治理专业博士的初始阶段遇到了诸多困难，特别是不得不在研究范式上进行转换。但她不畏困难，自强不息，虚心向同门师兄师姐学习，经过多年的刻苦努力，较为熟练地掌握了管理学的前沿理论应用和规范、科学的研究方法，并顺利完成了题为《董事会资本对中国企业国际化程度的影响研究》的博士论文。更令我欣慰的是，在她有幸进入首都体育学院之后，并没有在研究工作上有丝毫松懈，而是果断地将战略管理和公司治理理论及研究方法跨界应运于体育人文社会学的研究。她先后以首都体育学院教师身份获得了国家级、省部级研究项目，并在研究中不断深化、拓展，完成了现今即将付梓的这本个人专著。作为她的导师，我由衷地向她表示祝贺！希望她继续努力，为中国的体育产业研究做出自己独特的学术研究贡献！

是为序。

周 建

南开大学商学院

南开大学中国公司治理研究院

2019年6月

中文摘要

在人们对健康生活方式的向往和国家利好政策的推动下，我国的体育产业迎来了前所未有的发展机遇，各路资本纷纷进军体育行业。然而，作为体育企业标杆的体育类上市公司的表现却不如人意，其中一个重要原因，就是作为企业战略决策主体的董事会的资质与能力不足。近年来，学者们逐渐认识到董事会人力资本与社会资本的异质性是导致董事会有效性差异的重要原因。那么，在全民健身国家战略背景下，体育类企业的董事会需要具备怎样的人力资本和社会资本，才能帮助企业获得成功？这成为本研究提炼的科学研究问题，即本研究试图探究在中国情境下董事会资本影响体育类企业战略决策的机制，从而寻找企业绩效差异的原因。本研究的研究问题可以分解为以下四个子问题：企业战略决策的主体是谁？董事会履行战略职能的依据是什么？董事会如何介入企业的战略决策过程？董事会介入战略决策过程的影响和效果如何？

针对这些问题，本研究首先采用文献研究法考察了董事会的战略角色，综合以往学者的研究，对董事会战略角色的演进进行梳理，依据契约视角下的管理层霸权理论、代理理论和利益相关者理论，以及战略与认知视角下的资源依赖理论、管家理论和战略选择认知观，将董事会的战略介入描绘成行为的连续体，分析董事会的战略角色如何由消极观向积极观转变，并对比研究了作为战略治理依据的结构观与能力观。其次，本研究构建了董事会资本的测度指标体系，选择六个关键性的指标对董事会的人力资本进行测度：董事会的受教育程度、会计专业背景、法律专业背景、CEO经验、行业嵌入度、背景的异质性程度。选择五个关键性的指标对董事会的社会资本进行测度：董事会的网络密度、与管理层之间的关系、连锁董事情况、政治背景、银行背景。然后，本研究分析了董事会资本影响企业绩效的机制。在考察当前中国体育类企业的发展特点、基于董事会资本的企业绩效增长机制的基础上，结合资源基础观、资源依赖理论及代理理论，分析董事会资本影响企业绩效的作用机制，以及董事会激励和CEO权力对董事会资本与企业绩效关系的调节作用，构建本研究的研究模型。最后，本研究实证检验了董事会资本对企业绩效的作用效果，以沪深两市2011—2016年的体育类概念股作为样本，采用多元回归分析方法，分别检验了董事会人力资本、董事会社会资本与企业绩效的关系，以及董事会激励和CEO权力对两者关系的调节效应。

通过以上研究，本研究得出以下结论：①董事会是企业的重要战略决策主体。②董事会资本是董事会履行战略职能的依据。相对于结构观，能力观在解释董事会履行战略职能的机制和效果方面更有说服力。③董事会依赖董事会资本介入企业战略决策过程。资源基础观和资源依赖理论为董事会资本与绩效的关系提供了理论依据，董事会激励和CEO权力影响董事会介入企业战略决策的有效性。④董事会资本总体上与企业绩效呈正相关关系。具体而言，董事会的CEO经验、行业嵌入度、背景的异质性程度、连锁董事情况、政治背景、银行背景等对企业绩效具有显著的正向影响。董事会激励正向调节国有控股企业和非国有控股企业董事会人力资本与企业绩效的关系，正向调节非国有控股企业董事会社会资本与企业绩效的关系；较小的CEO权力正向调节董事会资本和企业绩效的关系，较大的CEO权力负向调节董事会资本和企业绩效的关系。

本研究的创新点主要体现为：①构建了我国上市公司董事会资本测度指标体系。本研究较早论述了董事会资本的形成机制与内涵，并基于较为充分的文献调研，构建了董事会资本测度指标体系。该指标体系的构建为后续学者们的实证研究提供了借鉴。②揭示了董事会资本对企业绩效的作用机制。本研究运用董事会资本的概念，探索董事会履行战略职能的内在机制，对董事会与企业绩效的关系进行了相对科学的表述，并使用中国体育类上市公司的数据进行检验，为新兴经济国家的董事会在战略方面由“合规”向“有效”转型提供了新的理论依据和经验证据。③从战略管理和公司治理双重视角认识董事会资本的作用。本研究尝试将战略管理的资源基础观和公司治理的资源依赖理论进行融合，为理解董事会资本与企业绩效的关系提供了更为丰富的理论依据，也从侧面证明了从战略管理与公司治理互动与融合的视角开展研究的可行性与先进性。④从董事会资本的角度认识体育类上市公司的发展困境。本研究打破以往将体育类上市公司的发展归结于制度和环境的传统思维，从企业内部挖掘造成企业发展困境的根源，将董事会资本假设为影响企业绩效的前置因素并进行检验，为体育类上市公司的绩效研究提供了一个全新的视角。

关键词：董事会资本；董事会人力资本；董事会社会资本；董事会激励；CEO权力；企业绩效；体育类上市公司

ABSTRACT

With people's yearning for a healthy lifestyle and the promotion of national favorable policies, China's sports industry has ushered in unprecedented opportunities for development, and all kinds of capital have entered the sports industry. However, as the benchmark of sports enterprises, the performance of sports listed companies is unsatisfactory. One of the important reasons is that the board of directors, as the main body of strategic decision-making of enterprises, has insufficient qualifications and capabilities. In recent years, scholars have gradually realized that the heterogeneity of human capital and social capital of the board of directors is an important reason for the difference in the effectiveness of the board of directors. So, in the context of national fitness strategy, what kind of human capital and social capital does the board of directors of sports enterprises need to have in order to help enterprises succeed? This has become a scientific research issue refined in this paper. That is to say, this paper tries to explore the mechanism of the board capital influencing the strategic decision-making of sports enterprises in the Chinese context, so as to find out the reasons for the differences in corporate performance. The research questions in this paper can be divided into four sub-questions: Who is the main body of enterprise strategic decision-making? What is the basis for the board of directors to perform its strategic functions? How does the board of directors intervene in the strategic decision-making process? What is the impact and effect of board involvement in strategic decision-making process?

To investigate these questions, this dissertation discusses the strategic role of board with documentation method firstly. Integrating the researches of previous scholars, it reviews the evolvement of board's strategic role. According to the managerial hegemony theory, agency theory, stakeholder theory, stewardship theory, strategic choice/cognitive perspective, the board's strategic involvement is described as a behavior continuum. It analyses how the board's strategic role changes from negative view to positive view and compares the structure view with capability view of strategic governance. Then, it builds the measurement indicator system of board capital. Board's education level, board's auditing background, board's law background, board's CEO experience, board's embedment in the same industry, board's heterogeneity of background are selected as the measurement indicators of board's human capital. Board's network density, the relationship between board and management team, the proportion of board's interlocking directorate, board's political background and board's banking background are selected as the measurement indicators of board's social capital. Then, the mechanism of board capital affecting corporate performance is analyzed. On the basis of investigating the development characteristics of sports enterprises in China and the performance growth mechanism of enterprises based on board capital, combining the resource-based view, resource dependence theory and agency theory, this paper analyses the mechanism of board capital influencing corporate performance, and the moderating effects of board incentives and CEO powers on the relationship between board capital and corporate performance, and constructs the research model. Finally, the paper empirically tests the effect of board capital on corporate performance. Taking the sports concept stocks of Shanghai and Shenzhen Stock Exchanges from 2011 to 2016 as samples, it uses multiple regression analysis to test the relationship between human capital of board of directors, social capital of board of directors and corporate performance, and the moderating effect of board incentives and CEO power on the relationship.

Through the above research, this paper draws the following conclusions: First, the board of directors is an important strategic decision-making body of enterprises. Secondly, the board capital is the basis for the board of directors to perform its strategic functions. Compared with the structural view, the competency view is more convincing in explaining the mechanism and effect of the board of directors in fulfilling its strategic functions. Thirdly, the board of directors relies on the board capital to intervene in the strategic decision-making process. Resource-based view and resource dependence theory provide theoretical basis for the relationship between board capital and performance. Board incentives and CEO power influence the effectiveness of board involvement in corporate strategic decision-making. Fourthly, board capital is positively correlated with corporate performance in general. Specifically, board's CEO experience, board's embedment in the sports industry, board's heterogeneity of board background, the proportion of board's interlocking directorate, board's political background and board's banking background have significant positive effects on corporate performance. Board incentives positively moderate the relationship between human capital and corporate performance of state-controlled and non-state-controlled enterprises, and positively moderate the relationship between board social capital and corporate performance of non-state-controlled enterprises; smaller CEO power positively moderates the relationship between board capital and corporate performance; larger CEO power negatively moderates the relationship between board capital and corporate performance.

The main innovations of this paper are as follows: Firstly, the index system of board capital measurement of Listed Companies in China is constructed. This paper discussed the formation mechanism and connotation of the board capital earlier, and built the index system of the board capital measurement based on sufficient literature research. The construction of this index system may provide reference for the following scholars' empirical research. Secondly, it reveals the mechanism of the board capital on corporate performance. Using the concept of board capital, this paper explores the internal mechanism of the board of directors in fulfilling its strategic functions, makes a relatively scientific statement on the relationship between the board of directors and corporate performance, and uses the data of Chinese sports listed companies to test it, which provides a new theoretical basis and empirical evidence for the board of directors in emerging economies to transform from "compliance" to "effectiveness" in strategic aspects. Thirdly, it understands the role of board capital from the perspective of strategic management and corporate governance. This study attempts to integrate the resource-based view of strategic management with the resource-dependent theory of corporate governance, which provides a more abundant theoretical basis for understanding the relationship between board capital and corporate performance, and also proves the feasibility and advancement of the research from the perspective of interaction and integration of strategic management and corporate governance. Fourthly, it understands the development dilemma of sports listed companies from the perspective of board capital. Breaking the traditional thinking that the development of sports listed companies is attributed to the system and environment, excavating the root causes of enterprise development dilemma from the inside of enterprises, and testing the board capital hypothesis as the Pre-factors affecting the performance of enterprises, provides a new perspective for the performance research of sports listed companies.

Key words: board capital; board human capital; board social capital; board incentives; CEO power; corporate performance; sports listed companies

目　录

第一章 导 论

国务院《关于加快发展体育产业促进体育消费的若干意见》（国发〔2014〕46号）发布四年多以来，中国体育产业发生了巨大的变化。在5万亿目标和利好政策的刺激下，来自各方面的资本鱼贯而入。然而，目前国内体育类上市公司还比较少，根本原因在于大多数体育公司不满足独立上市的资质要求。在目前的上市体系中，仅有极少数体育公司市值过百亿人民币，千亿级别则完全没有。这在很大程度上反映了体育类上市公司整体绩效不尽如人意。造成这一局面的一个重要原因就是作为企业战略决策主体的董事会的资质与能力不足，这一观点在全球金融危机之后得到了更为深刻的认识，一些学者也开始进行相关的研究。基于以上背景，本章提出了所要探索的科学研究问题，介绍了研究内容及研究方法，指出了研究意义和创新之处。

第一节 研究背景与研究问题的提出

一、研究背景

（一）体育产业利好政策频出

2014年10月，国务院印发了《关于加快发展体育产业促进体育消费的若干意见》（国发〔2014〕46号，以下简称“46号文件”），要求积极扩大体育产品和服务供给，推动体育产业成为经济转型升级的重要力量，促进群众体育与竞技体育全面发展，加快体育强国建设，不断满足人民群众日益增长的体育需求。46号文件把全民健身上升为国家战略，把增强人民体质、提高健康水平作为根本目标，把体育产业作为绿色产业、朝阳产业进行扶持，强调向改革要动力，向市场要活力，力争到2025年，体育产业总规模超过5万亿元，成为推动经济社会持续发展的重要力量。这一政策吹响了体育产业迅猛发展的号角。

46号文件发布后，体育产业市场化进程加快，各项体育产业促进政策密集出台，其主要内容如表1–1所示。

表1–1　2014年以来我国发布的体育产业促进政策及其主要内容

要点	时间	政策	主要内容
体育产业总规模	2014年10月	《关于加快发展体育产业促进体育消费的若干意见》	首次将全民健身定位为国家战略，到2025年体育产业总规模将超过5万亿。
	2016年5月	《体育产业发展“十三五”规划》	“十三五”期间，实现体育产业总规模超过3万亿，产业增加值在国内生产总值中的比重达到1%。
细分体育产业	2016年11月	《水上运动产业发展规划》	基本形成组织机构完善、管理制度健全、俱乐部布局合理、产业带动明显、赛事活动成熟和群众基础坚实的水上运动健身休闲环境，到2020年推动水上运动产业总规模达到3000亿元，水上运动俱乐部达到1000个，等等。
		《航空运动产业发展规划》	到2020年，航空运动产业经济规模达到2000亿元，建设航空飞行营地2000个，各类航空运动俱乐部达到1000家，参与航空运动消费人群达到2000万人；初步构建布局合理、功能完善、门类齐全的航空运动产业体系，基本形成安全规范、管理有效、军民融合的航空运动产业发展格局。
		《山地户外运动产业发展规划》	到2020年，基本形成布局合理、功能完善、门类齐全的山地户外运动产业体系，山地户外运动产业总规模达到4000亿元。
		《冰雪运动发展规划(2016—2025年)》	到2025年，形成冰雪运动基础更加坚实、普及程度大幅提升、竞技实力极大提高、产业体系较为完备的冰雪运动发展格局。政府引导，社会参与，初步形成以冰雪场地设施建设运营为基础，冰雪大众休闲健身和竞赛表演为核心，以冰雪体育旅游为带动，冰雪装备制造为支撑的冰雪产业体系。到2020年，我国冰雪产业总规模达到6000亿元。到2025年，我国冰雪产业总规模达到1万亿元。

续表

要点	时间	政策	主要内容
细分体育产业	2016年11月	《群众冬季运动推广普及计划（2016—2020年）》	到2020年，实现"三亿人参与冰雪运动"。
	2017年7月	《关于支持社会力量举办马拉松、自行车等大型群众性体育赛事行动方案（2017年）》	到2017年底，马拉松赛事参赛人数超过500万人次，带动各类消费超过200亿元。自行车赛事带动各类消费超过200亿元。
	2017年12月	《自行车运动产业发展规划》	到2020年，自行车运动产业总规模力争达到1500亿元，各级各类自行车赛事活动达到5000场。
		《马拉松运动产业发展规划》	到2020年，马拉松运动产业规模将达到1200亿元；出现具有相当实力和影响力的十大品牌赛事运营公司和10家品牌马拉松运动产业技术服务装备商；全国马拉松赛事场次（800人以上规模）达到1900场，中国田径协会认证赛事达到350场，各类路跑赛事参赛人数超过1000万人次。
		《击剑运动产业发展规划》	到2020年，基本形成布局合理、功能完善、门类齐全的击剑运动产业体系，全国参与击剑运动的人数规模达到20万人，形成700家以上具备高水准的击剑运动俱乐部。
"体育+"战略	2014年10月	《关于加快发展体育产业促进体育消费的若干意见》	丰富体育产业内容，推动体育与养老服务、文化创意和设计服务、教育培训等融合，促进体育旅游、体育传媒、体育会展、体育广告、体育影视等相关业态的发展。以体育设施为载体，打造城市体育服务综合体，推动体育与住宅、休闲、商业综合开发。
	2016年10月	《关于加快发展健身休闲产业的指导意见》	大力发展体育旅游，制定体育旅游发展纲要，实施体育旅游精品示范工程，编制国家体育旅游重点项目名录。支持和引导有条件的旅游景区拓展体育旅游项目，鼓励国内旅行社结合健身休闲项目和体育赛事活动设计开发旅游产品和路线。推动"体医结合"，加强科学健身指导，积极推广覆盖全生命周期的运动健康服务，发展运动医学和康复医学，发挥中医药在运动康复等方面的特色作用。促进健身休闲与文化、养老、教育、健康、农业、林业、水利、通用航空、交通运输等产业融合发展。
	2016年12月	《关于大力发展体育旅游的指导意见》	到2020年，在全国建成100个具有重要影响力的体育旅游目的地，建成100家国家级体育旅游示范基地，推出100项体育旅游精品赛事，打造100条体育旅游精品线路，培育100家具有较高知名度和市场竞争力的体育旅游企业与知名品牌，体育旅游总人数达到10亿人次，占旅游总人数的15%，体育旅游总消费规模突破1万亿元。

续表

要点	时间	政策	主要内容
“体育+”战略	2017年5月	《关于推动运动休闲特色小镇建设工作的通知》	到2020年，在全国扶持建设一批体育特征鲜明、文化气息浓厚、产业集聚融合、生态环境良好、惠及人民健康的运动休闲特色小镇；带动小镇所在区域体育、健康及相关产业发展，打造各具特色的运动休闲产业集聚区，形成与当地经济社会相适应、良性互动的运动休闲产业和全民健身发展格局；推动中西部贫困落后地区在整体上提升公共体育服务供给和经济社会发展水平，增加就业岗位和居民收入，推进脱贫攻坚工作。
	2017年6月	《“一带一路”体育旅游发展行动方案（2017—2020年）》	多措并举，多方联合，培育体育旅游市场，实现一年有影响、两年上规模、三年创品牌，在“一带一路”相关区域形成一批精品体育旅游赛事、特色运动休闲项目、有竞争力的体育旅游企业和知名体育旅游目的地，到2020年，体育旅游人数占该地区旅游总人数的比重超过15%。通过体育旅游全方位的交流互动，促进“一带一路”区域内的政策沟通、产业互通和民心相通，使体育旅游成为“一带一路”区域内开放合作的亮点。

以上政策主要通过三个层面对体育产业产生影响：①政府增加的财政投入，以及在政府引导下社会资本的增加，使得体育基础设施、场地建设更加完善，从而使大众参与体育运动的机会得以增加；②政策的放宽，推动了体育文化创新，丰富了大众所能获取的体育内容；③利好政策所带来的良好预期，吸引了更多的企业进入到体育产业中，从而为大众带来更为丰富的体育产品和服务[1]。在政策的引导下，我国各省（或直辖市）也规划了体育产业发展目标，如表1-2所示。

表1-2　我国各省（直辖市）体育产业发展目标

	2020年规划目标	2025年规划目标		
	产业规模（亿元）	产业规模（亿元）	人均面积（平方米）	体育人口（万人）
全国	30000	50000		
31省市合计	40015	71200		
北京	1600	3000	2	约1500（占比50%）
天津	400	1000	2.5	约730（占比48%）

[1] 朱茜. 2017年全国及各省市体育产业政策汇总及解读[EB/OL]. [2017-12-21].https://www.qianzhan.com/analyst/detail/220/171221-585af2e3.html.

续表

	2020年规划目标	2025年规划目标		
	产业规模（亿元）	产业规模（亿元）	人均面积（平方米）	体育人口（万人）
河北	1500	3000	2	2700
山西	320	650	2	1400
内蒙古	125	280	3	约1300（占比45%）
辽宁	1200	2000	2	约1980（占比45%）
吉林	600	1000	2	1000
黑龙江	600	1150	2	1500
上海	1500	3000	2.6	约1100（占比45%）
江苏	5000	7200	2.6	3500
浙江	3000	5000	2.25	约2200（占比40%）
安徽	1000	2000	2	3000
福建	5000	10000	2.2	约1550（占比40%）
江西	700	1300	2	约1635（占比36%）
山东	3500	6000	2.2	约3950（占比40%）
河南	1500	3000	2	4000
湖北	1300	2600	2	2000
湖南	1000	2000	2	约2400（占比40%）
广东	6000	9000	2.5	约4700（占比45%）
广西	700	1300	2	约1900（占比40%）
海南	120	275	2	约316（占比36%）
重庆	500	1000	2	1400
四川	800	1500	2	3000
贵州	450	800	2	约1100（占比30%）
云南	500	100	2	约1520（占比33.3%）
西藏	20	40	2	约100（占比30%）
陕西	750	1500	2	1500
甘肃	80	150	2	1000
青海	60	105	2	224
宁夏	140	250	2.2	约230（占比35%）
新疆	50	100	2	约800（占比30%）

资料来源：搜狐网.目前超20家体育产业基金共计400亿元,政策和资本共助体育产业发展[EB/OL].[2017-3-6] https://www.sohu.com/a/128000688_115035.

总体来看，作为经济转型发展的一支重要力量，体育产业近年来在国家层面得到了前所未有的重视，利好政策不断出台。体育产业打通了旅游、娱乐、文化、科技、教育等诸多领域，搭建起全新平台，体育的多元价值也由此得到挖掘。

（二）各类资本竞逐体育产业

在利好政策的刺激下，国内各路资本纷纷布局体育产业，如阿里、万达、苏宁、乐视和腾讯等。2015年9月8日，阿里体育集团在上海成立。2016年3月，阿里体育集团联合蚂蚁金服向体育休闲及体育彩票综合企业亚博科技入股24亿港元，占比达50.70%，同年4月成立电子体育事业部，投入1亿元启动原创电子竞技赛事WESG，还和中国乒乓球协会、中国羽毛球协会达成合作协议，并斥巨资获得国际橄榄球比赛独家转播权。2018年4月，阿里体育集团完成超12亿元的A轮融资，并完成对互联网健身运动品牌乐动力的收购。2015年年初，万达集团斥资近4500万欧元收购西班牙马德里竞技足球俱乐部20%股份，随后又以10.5亿欧元并购了盈方体育传媒集团（体育媒体制作及转播公司），同年8月，以6.5亿欧元收购世界铁人公司100%的股权，2016年1月收购了法国拉加代尔公司运动部门，2017年6月收购了拥有摇滚马拉松IP的CGI公司。苏宁于2016年6月以约2.7亿欧元收购意大利国际米兰足球俱乐部约70%的股份，成为蓝黑军团第一大股东。乐视频频在足球、综合格斗、奥运会等领域出手。腾讯签下了NBA中国独家网络转播权，百度也成立了百度体育，开始试水体育产业。

2015年1月至2016年3月，在体育创业领域，共发生融资案例257起，总额超过170亿元。目前国内已成立的体育文化产业投资基金超过20只，累计规模超过400亿元。此外，与体育产业相关的投资并购案例也不断出现，其中不乏创新工场、红杉资本、达晨创投、如深创投、IDG等知名创投机构的参与。

在利好政策和资本加持的双重作用下，体育产业迎来高速发展的黄金时期。如何抓住发展机遇壮大自身实力，成为体育类企业面临的重要课题。

（三）体育类上市公司绩效不如人意

尽管在一系列利好政策的刺激下，体育产业的市场规模越来越大，但目前国内体育类上市公司还比较少，根本原因在于大多数体育公司尚不满足独立上市的资质要求。在目前的上市体系中，仅有极少数体育公司市值过百亿人民币，千亿级别则完全没有。截至2017年11月1日，沪深两市共78家A股体育概念上市公司披露2017上半年财报数据。总体来看，2017年上半年A股体育概念上市公司合计实现营业收入达5044.75亿元，合计归属母公司股东净利润350.96亿元[1]。这在很大程度上反映了体育类上市公司整体绩效不尽如人意。

（四）金融危机凸显董事会战略决策能力不足

2007年4月，美国新世纪金融公司宣告破产，标志着次贷危机正式开始。自此，这场危机愈演愈烈，在“蝴蝶效应”的作用下，引发了全球性的金融危机。危机爆发以后，巴塞尔银行监管委员会（The Basel Committee on Banking Supervision）、经济合作与发展组织（Organization for Economic Cooperation and Development，简称OECD）、国际保险监督官协会（International Association of Insurance Supervisors，简称IAIS）、国际证监会组织（International Organization of Securities Commissions，简称IOSCO）等国际组织普遍认为，由次贷危机引发的全球金融危机，从微观层面上看，实质上是一场公司治理危机[2]。

由于董事会是公司治理的核心，因此，当危机爆发以后，公众的问责之矛首先指向了金融机构的董事会。一方面，一些董事在利益的驱使下行为失范，与高管们共同谋取短期暴利，侵害投资者的利益；另一方面，一些董事资质不够，缺乏足够的知识背景与专业技能，无

[1] 体育BANK. 十个角度分析2017年上半年十大A股体育概念上市公司[EB/OL].[2017-09-02].https://www.iyiou.com/p/54336.html.

[2] 冯海霞. 金融危机后国际金融机构公司治理的反思与改革[J]. 中国金融，2010(15)：22-24.

法正确预测金融机构潜在的风险，并制定可行的发展战略。Macey & O'Hara（2003）认为，鉴于银行业的高杠杆效应，以及资金和负债不匹配的特点，银行业的董事会不仅要对股东负责，而且要对具有固定收益要求的债权人负责[1]，因此，银行业的董事会治理体系应该更为健全。

但事实上，由于董事的长期任职，董事会演变成了“熟悉的老人俱乐部”，这为董事会的机会主义行为提供了土壤。例如，由于花旗集团的董事会多为前任和现任管理层，缺乏客观性和独立性，没有在必要的时候起到监督、指导和控制的作用。2008年8月，任职长达9年之久的花旗银行董事会执行委员会主席鲁宾（Robea Rubin）卸任主席一职。外界普遍认为，时任普林斯CEO的鲁宾未能尽到监督的责任，未能在关键时刻使花旗银行脱离“次贷危机”的泥潭，应为花旗银行的投资失误承担连带责任，花旗银行董事会执行委员会也由此宣告撤销。

同时，监管部门对于银行业董事的准入门槛比较低，仅停留在“受教育情况如何，是否有犯罪记录”等最基本的要求层面，而没有在董事会及董事履行职责方面提出更高的要求，尤其是没有对董事会的资质（Quality）、能力（Competence）和有效性（Effectiveness）等提出具体的标准和要求，更没有关注董事会的活力与动力（Dynamic），因此，银行业董事会的履职能力和治理效果受到了很大制约[2]。

在深刻分析国际金融危机给银行业公司治理带来的教训后，巴塞尔银行监管委员会开始从董事行为、隐蔽或复杂结构、薪酬、风险管理、透明度、监管评估六个方面，进一步完善银行业公司治理。在“董事行为”方面，巴塞尔银行监管委员会强调“要严格董事的准入门槛，董事应当具备与其职位相匹配的能力、素质与经验，要能为其

[1] Macey J R, O'Hara M. The Corporate Governance of Banks[J]. Economic Policy Review, 2003, 9(1): 91-107.

[2] 廖岷. 国际金融危机中银行公司治理的主要问题及启示[J]. 国际金融研究, 2010(5): 61-68.

工作投入足够的时间”，由此可以看出，巴塞尔银行监管委员会把与董事会能力相关的董事资质放在了首要的位置，反映出国际社会开始重视以董事能力为基础的董事会治理。

与金融机构的情况类似，金融危机后，非金融企业的董事会能力建设也逐渐引起重视。从表面上看，中国上市公司大多按照公司治理准则的规定建立了以董事会为核心，股东会、监事会、董事会与管理层彼此制衡的公司治理体系，监管机构也开始重视董事会的独立性，但由于一些董事不具备应有的专业知识和专业技能，以及协调各种关系的能力，致使董事会效率低下，难以发挥应有的作用。2009年10月13日，国务院国有资产监督管理委员会制定了《董事会试点中央企业专职外部董事管理办法（试行）》，对外部董事的任职条件进行了明确规定，其中就包括关于董事资质和能力方面的规定，这表明中国监管部门逐渐开始关注以董事会能力为基础的董事会建设。

虽然距离上次金融危机已有10年之久，但是由金融危机引发的对董事会建设的关注并未减弱。体育产业利好政策频出，但体育类上市公司绩效并不尽如人意。企业的高层决策者频繁更换，反映了人们对董事会能力的重视。因此，健全以董事会能力为基础的董事会治理体系，是目前中国体育类上市公司亟待解决的问题。这一点不仅得到了企业界的广泛认可，同时也逐渐成为学者们关注的研究热点。

（五）董事会资本研究逐渐引起重视

通过以上分析可以看出，董事会能力逐渐成为战略管理与公司治理领域关注的一个热点问题，这在学术研究中也得到了印证。Hillman & Dalziel（2003）首次将董事会资本概念引入战略管理和公司治理的研究中。他们认为董事会资本可用于衡量董事会为企业提供资源的能力，包括人力资本和社会资本。董事会人力资本是指董事会成员共同带给董事会的知识、技能和经验的组合；董事会社会资本则是指董事会成员所拥有的企业内、外部关系以及由这些关系所带来的潜在资源的组合[1]。自此，越来越多的国外学者开始关注作为董事会能力基础的董事会资本问题。在EBSCO、JSTOR、ScienceDirect（Elsevier）、Wiley几个主要外文数据库中输入“board capital”“board capability”“director capability”“director human capital”“director social capital”等关键词进行搜索，发现在国际金融危机爆发以后，对于董事会资本或者董事会能力的研究更为细致和深入，特别是对于董事会资本与企业战略关系的研究已引起人们的重视，而且相关的研究成果大多数都发表在Academy of Management Review、Academy of Management Journal、Strategic Management Journal、Journal of Management Studies等国际一流管理学期刊上面，这体现了理论研究对管理实践的密切呼应。

在中国知网（CNKI）数据库检索“董事会资本”，显示有相关研究成果29篇，检索“董事会能力”有5篇，检索“董事会人力资本”有12篇，检索“董事会社会资本”有8篇，研究成果整体上呈逐年递增的趋势，说明在中国情境下，有关董事会资本的研究正逐渐引起关注。然而，在所有的搜索结果中，尚未有关于体育类上市公司的研究，因此，研究体育类上市公司的董事会资本问题，是一个比较新的课题。

二、研究问题的提出

中国体育类上市公司经营绩效总体欠佳的现象，表面上反映了中国体育类企业成长道路的曲折与复杂，实际上暴露了有关企业层面还未真正解决如何构建竞争优势的问题。相比于其他行业的企业，在全民健身国家战略背景下，中国体育类企业面临更大的机遇，也要应对更严峻的挑战。因此，如何认识中国体育类企业经营绩效欠佳的现象，不仅是中国体育类企业管理面临的一个迫切的实践问题，而且是一个关系到中国体育产业发展的重要理论问题。

企业是嵌入制度环境的微观经济活动主体，企业战略是企业与

[1] Hillman A J, Dalziel T. Boards of Directors and Firm Performance: Integrating Agency and Resource Dependence Perspectives[J]. Academy of Management Review, 2003, 28(3): 383-396.

不断变化的经营环境之间的持续提高资源配置效率的动态适应行为过程[1]。制度设计作为一种重新构建企业资源配置的机制，是对传统竞争优势创造机制的延伸[2]，成为企业战略的重要内容。随着一些新兴市场国家经济的迅速发展，社会和经济制度因素对企业发展的影响逐渐引起战略理论研究者的关注[3]，并逐步形成与企业战略的产业组织论（Industrial Organization，简称I/O）和资源基础观（Resource-based Review，简称RBV）具有同等重要地位的制度基础观（Institution-based View，简称IBV）。制度基础观认为，企业绩效不仅受到行业环境和企业内在的资源禀赋的影响，还受到来自社会和经济层面的制度环境的影响。制度环境是指与经济活动相关的规则、规范和信念。在个体层面，制度环境是指决策制定者的行为规范和价值观；在企业层面，是指组织文化和政治；在企业间，是指管制压力和行业规范[4]。

公司治理既是企业层面的内在制度框架，也是实现企业战略决策科学性的重要制度安排。随着经济全球化的发展，公司治理作为协调相关者利益的一整套制度安排，对企业经营绩效的影响与日俱增[5]。在全民健身战略背景下，中国体育类企业面临的障碍，表面上看是制度环境所造成的压力，实质上反映了企业战略和控制能力不足。因此，如何改善中国体育类企业的发展状况，既是一个战略问题，也是一个公司治理问题。具体而言，在全民健身国家战略的背景下，中国体育类企业要发展壮大，必须提高决策的科学性，并保证有效控制，这正是公司治理的目的和要求所在。

---

[1] Tan J J, Litschert R J. Environment-strategy Relationship and Its Performance Implications[J]. An Empirical Study of the Chinese Electronics Industry. 1994,15(1):1-20.

[2] Oliver C. Strategic Responses to Institutional Processes[J]. Academy of Management Review, 1991, 16(1): 145-179.

[3] Wan W P, Hoskisson R E. Home Country Environment, Corporate Diversification Strategies, and Firm Performance[J]. Academy of Management Journal. 2003, 46(1): 27-45.

[4] Oliver C. Sustainable Competitive Advantage: Combing Institutional and Resource-based Views[J]. Strategic Management Journal, 1997,18(9):697-713.

[5] Ellstrand A E, Tihanyi L, Johnson J L. Board Structure and International Political Risk[J]. Academy of Management Journal, 2002, 45(4):769-777.

作为公司治理的核心，董事会的有效性成为保证企业科学战略决策和价值创造的必要条件。对于董事会的角色，目前公司治理领域基本形成了共识，即董事会扮演控制角色、资源提供角色和战略角色。控制角色是指董事会通过监督管理层行为来维护股东的利益，根据代理理论（Agency Theory，简称AT），董事会通过任命和解聘企业CEO、评价管理层的战略执行情况，对管理层实施监督。资源提供角色是指董事会帮助企业获取外部资源。根据资源依赖理论（Resource Dependence View，简称RDV），董事会是企业和外部环境联系的“桥梁”，他们通过从企业外部获取资源，降低企业对外部环境的依赖，以及面临的不确定性和交易成本[1]。战略角色涉及董事会在企业战略中的作用。根据认知理论，董事会负责分析战略环境、评价战略提议、选择战略方案等企业战略决策制定过程[2]。董事会能否发挥应有的作用，直接关系着公司治理的有效性。

董事会能否发挥应有的作用，也取决于其是否具有相应的能力。伴随着新政策的密集发布、市场环境的变化、网络信息技术的迅速发展，组织的复杂性程度进一步增加，其中一个重要原因，就是政策、市场和技术改变了战略、竞争行为和竞争优势的边界和本质[3]。因此，如何应对由政策、市场和技术带来的竞争环境的复杂性，成为决定企业生死存亡的关键能力[4]。企业能否成功应对这些复杂性的能力的一个关键决定因素是公司治理[5]，而公司治理是否有效，很大程度上取决于

[1] Pfeffer J, Salancik G R. The External Control of Organizations: A Resource-dependence Perspective[M]. New York: Harper & Row, 1978.

[2] Forbes D P, Milliken F J. Cognition and Corporate Governance: Understanding Boards of Directors as Strategic Decision-making Groups[J]. Academy of Management Review, 1999, 24(3): 489-505.

[3] Prahalad C, Hamel G. Strategy as a Field of Study: Why Search for a New Paradigm? [J]. Strategic Management Journal, 1994, 15(S2): 5-16.

[4] Sanders W M, Carpenter M A. Internationalization and Firm Governance: The Roles of CEO Compensation, Top Team Composition, and Board Structure[J]. Academy of Management Journal,1998, 41(2):158-178.

[5] Daily C M, Schwenk C. Chief Executive Officers, Top Management Teams, and Boards of Directors: Congruent or Countervailing Forces? [J]. Journal of Management, 1996. 22(2): 185-208.

董事会能力的大小。因此，企业的经营对董事会能力提出了挑战。

董事会能力是指董事会匹配企业内外部环境的动态变化，获取、整合和配置董事会及各成员所持有的资源（包括技能、资金和社交网络等），以及给予企业经营各阶段以有效监督、指导和支持的董事会组织过程的集合体[1]。根据Hillman & Dalziel（2003）[2]和Tian 等（2011）[3]的研究，董事会存在能力上的差异，这种差异表现为人力资本和社会资本的不同，即董事会资本的异质性。

在全民健身上升为国家战略之后，各种资本涌入体育产业，中国体育类企业也进入了超竞争时代（Hypercompetition Era）。环境变化的速度越来越快，竞争环境的动荡逐步加剧，导致企业总是处于非均衡的状态之中。在这种动荡的环境中，董事会如果不能根据现实环境制定正确的战略决策，就很难保证企业的长期生存和发展。那么，在全民健身国家战略背景下，体育类企业的董事会需要具备怎样的人力资本和社会资本，才能帮助企业获得成功？这成为本研究提炼的科学研究问题，即本研究试图探究在中国情境下董事会资本影响体育类企业战略决策的机制，从而寻找企业绩效差异的原因。本研究的研究问题可以分解为以下四个子问题。

（一）企业战略决策的主体是谁?

企业战略决策主体问题是企业战略决策实践的逻辑产物。对于企业战略决策过程而言，内嵌一个隐形的前提，即任何战略选择的决策原则上都是由某个主体来进行的。解答该问题，主要是基于不同的理论和企业实践，对企业战略决策的过程进行分析，证实除了管理层以外，董事会也是企业战略决策的重要主体。

[1] 王鹏飞. 基于董事会能力的董事会投融资战略介入研究——来自沪市制造业上市公司的经验证据[D]. 天津：南开大学, 2012.

[2] Hillman A J, Dalziel T. Boards of Directors and Firm Performance: Integrating Agency and Resource Dependence Perspectives[J]. Academy of Management Review, 2003, 28(3): 383–396.

[3] Tian J, Haleblian J, Rajagopalan N. The Effects of Board Human and Social Capital on Investor Reactions to New CEO Selection[J]. Strategic Management Journal, 2011, 32(7): 731–747.

（二）董事会履行战略职能的依据是什么？

这个子问题实际上是第一个子问题的延伸。在理解董事会的战略角色之后，有必要进一步了解董事会是凭借何种媒介工具参与战略决策的。解答该问题，主要是依据资源基础观和资源依赖理论，分析董事会人力资本和社会资本对董事会战略决策行为的重要影响，从而揭示董事会资本作为企业战略决策源泉的本质。

（三）董事会如何介入企业的战略决策过程？

由政策、市场和技术带来的复杂性和不确定性，对董事会的战略决策能力提出了更大的挑战，解析董事会资本对企业战略决策的影响机制，有助于打开董事会运作过程的“黑箱”。

（四）董事会介入战略决策过程的影响和效果如何？

该子问题是对前面问题的总结和验证。战略决策的效果，通常表现为企业的经营绩效。董事会依据其人力资本和社会资本介入企业的战略决策过程，是否会对企业的经营绩效产生显著影响。所以，有必要基于中国的制度背景，采用中国体育类上市公司的经验证据进行验证，从而说明对于中国的体育类企业而言，什么样的董事会才是有效的董事会。

以上四个子问题即本研究拟解决的关键问题，四个子问题之间的内在逻辑关系如图1-1所示

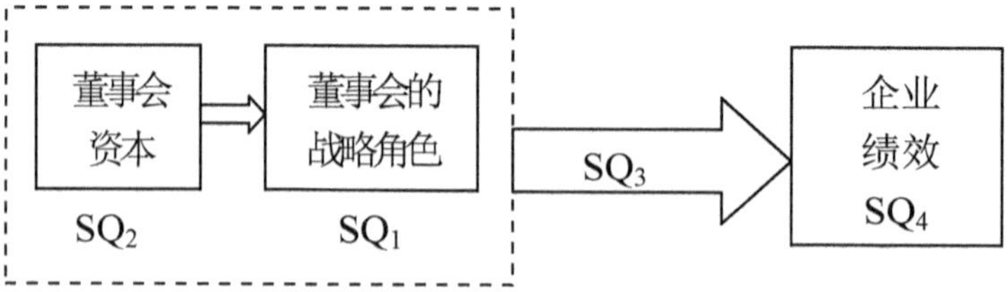

图1–1 研究问题的内在逻辑关系

总之，本研究借助规范的概念逻辑分析与统计分析相结合的方

法，针对中国体育类上市公司的战略决策实践，运用战略管理主流理论的资源基础观，以及公司治理领域中具有代表性的代理理论和资源依赖理论等，探索体育类企业利用董事会资本，提高战略决策的科学性的机制，为优化董事会建设提供依据，并为提高中国体育类企业的竞争力奠定基础。

第二节 研究内容与研究方法

研究内容是对研究问题“在全民健身国家战略背景下，体育类企业的董事会需要具备怎样的人力资本和社会资本，才能帮助企业获得成功”的分解，具体来说是对子问题的展开。在研究的过程中，本研究将综合运用理论推演和实证检验的方法，对研究问题进行合理的规范分析与验证，以期对前人的研究有所突破，取得创新性研究成果。

一、研究内容

本研究计划实现的研究目标是，选择体育类企业作为研究对象，综合运用战略管理领域的资源基础观和公司治理领域的资源依赖理论、代理理论，强调董事会的战略角色，深入挖掘并揭示董事会在企业经营活动发生与开展中的作用，构建董事会资本与企业绩效的关系链条。具体而言，本研究试图揭示董事会资本对企业绩效的作用机制，识别有助于提高企业绩效的董事会资本配置方式，丰富和完善董事会治理研究的基本框架和微观知识基础，将研究成果转化为董事会治理实践，为相关部门的政策制定提供参考。

本研究的基本逻辑框架如图1-2所示。根据资源基础观和资源依赖理论，董事会资本影响企业的绩效。根据代理理论，董事会资本对企业绩效影响的大小主要受到董事会本身和影响战略决策的另一个主体——CEO的影响，董事会本身的因素主要来自董事会激励，而CEO的影响主要来自CEO权力，即董事会激励和CEO权力调节董事会资本对企业绩效的影响。基于此，本研究主要围绕着四个方面的内容展开。

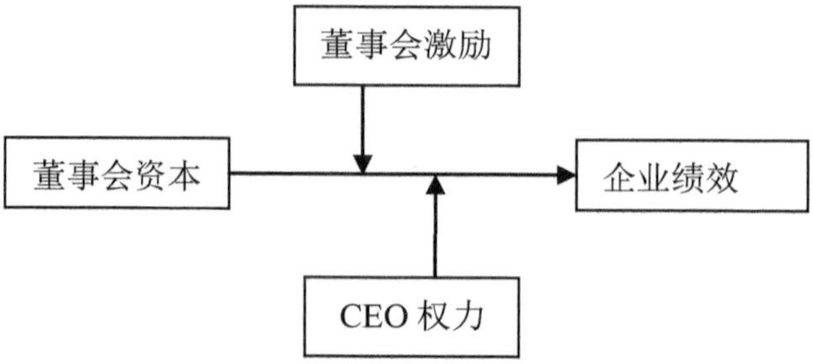

图1-2 研究的基本逻辑框架

第一，董事会的战略角色研究。该部分回答了“企业战略决策的主体是谁”的子问题。综合以往学者的研究，对董事会角色的演进进行梳理，分别依据管理层霸权理论、代理理论、管家理论和资源依赖理论，将董事会的战略介入描绘成行为的连续体，分析董事会的战略角色如何由“消极观”向“积极观”转变，并明确提出董事会是企业战略决策的重要主体的观点。

第二，董事会资本的测度指标体系研究。该部分回答了“董事会履行战略职能的依据是什么”的子问题。董事会资本作为董事会制定战略决策的依据，既是本研究的逻辑起点和基础概念，又是企业价值创造过程中的关键环节，因此弄清楚董事会资本的构成和特征至关重要。在此基础上，构建董事会资本的测度指标体系。

第三，董事会资本介入企业战略决策的机制研究。该部分回答“董事会如何介入企业战略决策过程”的子问题。在分析中国体育类企业的发展趋势，以及董事会资本在企业战略中的作用机制的基础上，结合资源基础观、资源依赖理论和代理理论，分析董事会的人力资本和社会资本如何在董事会进行企业战略决策的过程中起作用，以及董事会激励和CEO权力如何调节董事会资本对企业绩效的作用水平，为后续的实证研究奠定理论基础。

第四，董事会资本影响企业绩效的实证研究。该部分回答了“董事会介入战略决策过程的影响和效果如何”的子问题。根据前面分析的董事会资本与企业绩效的逻辑关系，借鉴团队有效性的“输入-过程–输出（Inputs–Processes–Outcomes，IPO）”模型，分别构建董事会人力资本、董事会激励、CEO权力与企业绩效的关系模型，以及董事会社会资本、董事会激励、CEO权力与企业绩效的关系模型。采用中国体育类上市公司的相关数据，实证检验董事会资本与企业绩效的关系，说明在中国情境下董事会资本介入企业战略决策的影响和效果。

二、本研究的结构安排

本研究共分为7章，各章之间的逻辑关系及主要研究内容如图1–3所示。

第一章导论，以全民健身国家战略及中国体育类企业经营状况为背景，提出了本研究的研究问题，简要介绍了研究内容和研究方法，并说明了研究的结构安排，指出了本研究的研究意义和创新之处。

第二章文献回顾与研究述评，对有关董事会资本和企业绩效的文献进行了梳理，并评述了当前研究的不足，从而引出了本研究的基本判断、研究目标和研究内容。

第三章理论模型与研究设计，界定了研究涉及的核心概念，在分析中国体育类企业的发展趋势，以及基于董事会资本的企业成长机制的基础上，结合资源基础观、资源依赖理论和代理理论，分析董事会资本影响企业绩效的作用机制，以及董事会激励和CEO权力如何调节董事会资本对企业绩效的作用水平，构建本研究的研究模型。

第四章董事会资本测度指标体系研究，阐述了构建董事会资本测度指标体系的意义，说明了指标选择原则，依据相关文献提取出与董事会人力资本和董事会社会资本直接相关的关键指标，构建董事会资本的测度指标体系，为后续的实证研究打下基础。

第五章董事会人力资本影响企业绩效的实证研究，首先根据相关文献提出有关董事会人力资本与企业绩效关系的研究假设，然后说明样本选择的依据、研究设计情况，在此基础上进行多元回归分析，并对多元回归结果展开分析和讨论。

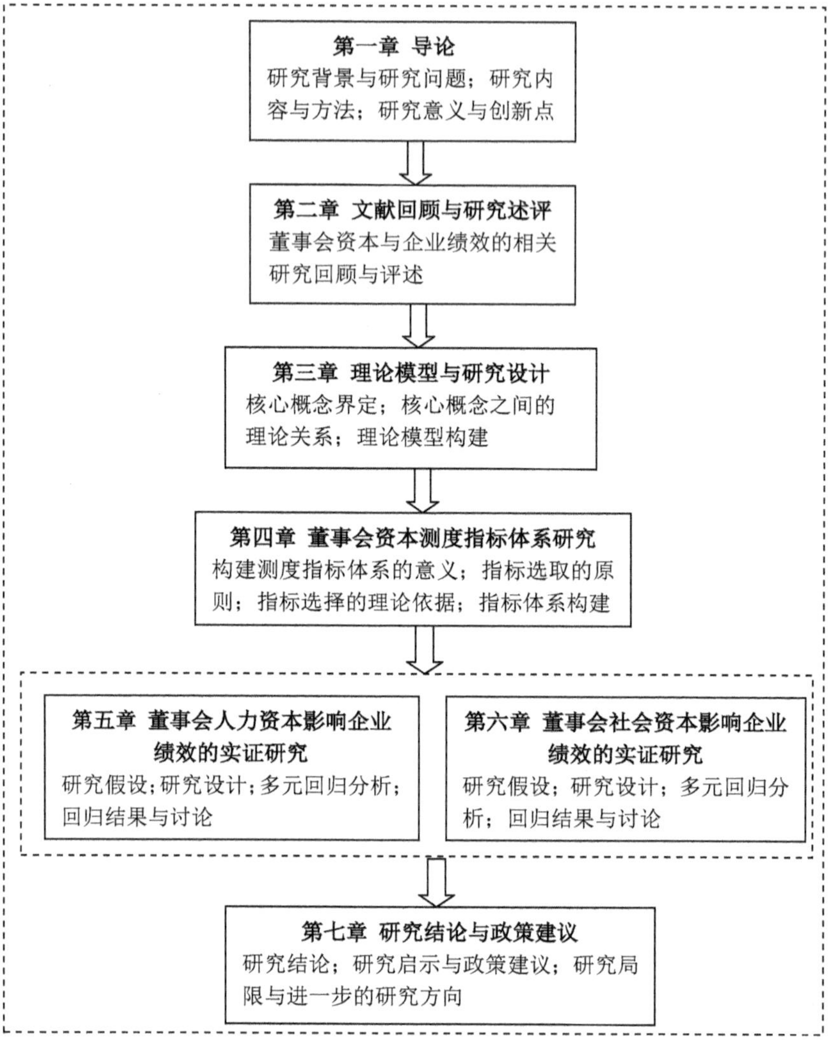

图1-3 论文的结构及各章之间逻辑关系

第六章董事会社会资本影响企业绩效的实证研究，首先根据相关文献提出有关董事会社会资本与企业绩效的研究假设，然后说明研究如何设计，在此基础上进行多元回归分析，并对多元回归结果展开分析和讨论。

第七章研究结论与政策建议，首先对前述研究进行总结，在此基础上分别为中国体育类企业和监管部门提出相应建议，以期对中国体育类企业的发展和董事会建设与评价提供借鉴和参考。最后指出了本研究存在的不足之处，并提出了进一步研究的方向。

三、研究方法

本研究采用文献研究与实证研究相结合的方法，来探索研究问题。文献研究主要回答“应该是什么”的问题，含有价值判断的成分；而实证研究较为客观，主要回答“实际情况是什么”的问题，不涉及价值判断问题。

（一）文献研究

文献研究是最传统而又最常用的科学研究方法，是指搜集、甄别和整理与研究问题相关的文献，并通过对文献的分析形成对现象的科学认识的方法。有关企业绩效的研究已经有几十年的历史，相关研究成果十分丰富，近年来，有关董事会的研究文献也飞速增长，要在如此庞大和分散的文献中寻求研究问题的答案，文献研究必不可少。基于此，作者在长达三年的时间中，不断在各个中英文数据库搜寻相关的文献，并对这些文献进行研读、梳理、评价，形成了对董事会资本与企业绩效的基本理论判断，识别出有助于解释关键要素之间关系的理论视角和研究变量，构建了本研究所依托的基本理论模型。

（二）实证研究

实证研究是依据现有的科学理论或实践发展的需要，根据对现象变化情况的观察、记录与测定，来检验条件与现象之间因果关系的一种研究方法，其主要目的是检验规范分析所得到的结论的合理性与自洽性。本研究首先针对理论模型所涉及的构念及变量的内涵予以挖掘，并借鉴国内外管理学顶级刊物上的相关文献找到变量测度方法，结合中国企业发展实践进行修正，进而利用中国体育类上市公司的数据进行统计分析来检验理论假设。在数据分析方面，本研究主要采用了多元回归分析等统计手段，实证分析路径如图1–4所示。

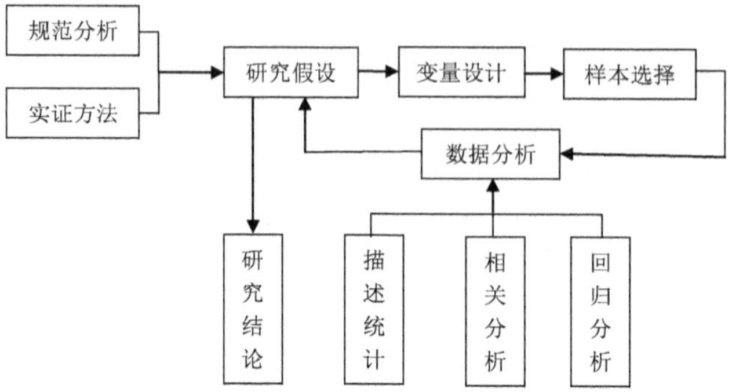

图1–4 实证分析路径

多元回归分析是指根据两个及其以上自变量的最优组合构建回归方程来预测因变量的统计分析方法。其基本模型为：

$$y = \beta_0 + \beta_1 x_1 + \beta_2 x_2 + \cdots + \beta_p x_p + \varepsilon$$

其中，β_0为常数项，β_1，β_2，……，β_p为回归系数，x_1，x_2，……，x_p是p个可以控制并测度的变量，也称为自变量或解释变量，y是因变量或被解释变量，ε是随机误差项。通常采用普通最小二乘法（Ordinary Least Square，简称OLS）对回归系数进行估计。多元回归分析方法主要用于实证检验董事会人力资本、董事会社会资本与企业绩效的关系。

本研究还涉及调节效应的检验。如果自变量X与因变量Y有关系，但是X与Y的关系受第三个变量M的影响，那么变量M就被称为调节变量（Moderator）。而调节变量所起的作用就称为“调节效应”。如果一个变量与自变量或因变量相关性不高，那么该变量不可能成为中介变量，但是有可能成为调节变量，理想的调节变量或是与自变量和因变量都不相关，或者相关度微弱。如果说，中介变量是用来解释变量之间为什么会存在关系，以及这个关系是如何发生的，那么，调节变量则具体说明了不同情况下变量之间的关系有何不同[1]。

调节变量的一般图表表达方式如本研究图1-5 所示，*M*有一个箭头指向*X*影响*Y*的箭头。可见，*M*作为一个调节变量，既不是指向自变量*X*，也不是指向因变量*Y*，而是指向两者的关系。

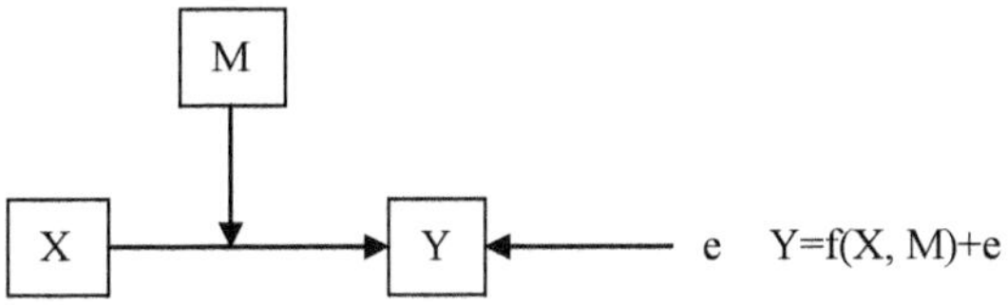

图1-5 调节效应示意图[2]

通常情况下，交互作用可以分为两类：增强型交互作用（Reinforcement Interaction Effect）和干扰型交互作用（Infercnce Interaction Effect），而调节效应的分类也与此类似，当随着*M*的增大，*X*对*Y*的影响逐渐增强，那么，*M*的调节效应即为增强型；当随着M的增大，*X*对*Y*的影响逐渐减弱，那么，*M*的调节效应则是干扰型（陈晓萍等，2008）。

调节效应是增强型还是干扰型，反映在回归模型中则是根据*X*与*M*回归系数的正负来判断。当*X*与*M*回归系数的符号相同时，则为增强型；反之，符号相反时，则为干扰型。

本研究的调节效应主要涉及董事会激励对董事会人力资本、董事会社会资本与企业绩效关系的调节，以及CEO权力对董事会人力资本、董事会社会资本与企业绩效关系的调节。

[1] 陈晓萍，徐淑英，樊景立．组织与管理研究的实证方法[M]．北京：北京大学出版社，2008.

[2] 温忠麟，侯杰泰，张雷．调节效应与中介效应的比较和应用[J]．心理学报，2005，37（2）：268.

第三节　研究意义与创新之处

一、研究意义

（一）理论意义

从理论角度看，本研究主要有三个方面的价值。

第一，董事会一直是全球范围内公司治理研究的核心，该领域的一个重要问题，就是如何构建有效的董事会，虽然相关成果颇为丰富，但是仍然没有找到一个具有说服力的答案。从董事会结构角度来解释董事会有效性的观点越来越受到质疑，因为即使两个企业的董事会成员数量相等，独立董事比例也相同，而且两个企业采用相似的激励机制，也可能对企业做出迥然不同的贡献。也就是说，以往的研究将董事会视为同质性的群体，但事实上，董事会之间存在能力上的差异。遵循这条线索，本研究关注以技能、经验、社会关系网络及获取信息和知识的能力为主要内容的董事会资本问题，突破传统的公司治理领域董事会结构的边界，拓展了有关新兴市场经济国家企业董事会的研究。

第二，本研究有助于进一步深化有关董事会与企业战略决策关系的研究成果。虽然董事会的战略角色越来越受到关注，而且长期存在着董事会有助于提高企业战略决策质量的经验性判断，但研究始终未能就董事会如何提高企业战略决策科学性的作用机制予以系统阐释。作为企业价值创造的关键环节，如果不找到董事会参与企业战略决策的内在规律，就不可能解释董事会与企业价值创造之间的复杂关系，更谈不上如何改善董事会治理以谋求积极的价值创造。与之相呼应，本研究基于“输入–过程–输出”（IPO）的视角，整合了公司治理和战略管理领域的各种理论，试图找出董事会影响企业战略决策的内在规律，证明董事会资本成为企业战略决策源泉的合理性，揭示董事会资本与企业绩效之间的作用机制，为研究公司治理和企业战略的互动机制提供新的视角。

第三，本研究有助于进一步深化有关新兴市场经济国家企业绩效的研究。如何在全球化和动态化环境下构建企业竞争优势，是新兴市场经济国家企业所面临的主要难题。诸多学者围绕这个难题，就影响企业绩效的多方面因素展开研究，取得了较为丰富的成果。但是必须注意的是，企业绩效的提高，离不开企业层面合理的制度安排，特别是作为公司治理核心的董事会。董事会位于企业组织结构的顶端，其运行机制能否有效服务于企业战略，直接关系到企业绩效的高低。本研究将董事会资本作为影响企业绩效的前置变量，探索董事会驱动企业绩效发展的动力机制，为新兴市场经济国家企业绩效研究提供新的视角。

（二）实践意义

从实践角度看，本研究主要有两个方面的价值。

首先，本研究可能为中国体育类企业董事会建设与评价带来相关启示。以往的董事会成员选任多是为了满足公司治理准则的要求，主要考虑董事会规模、独立董事的比例、专业委员会的设置等因素，而很少从董事会资本的角度考虑什么样的人员构成更能提高董事会的履职能力。在中国这一问题尤其突出，上市公司董事选任带有浓厚的行政色彩，董事会构成对企业价值创造的作用没有引起足够重视。虽然中国已经初步开始对董事会开展评价，如2008年国务院国有资产监督管理委员会（以下简称“国资委”）印发了《董事会试点中央企业董事会、董事评价办法》，但在实践中，由于董事会中任职情况及专业背景等方面的不同，对董事会的评价至今没有清晰的、一致的标准，董事在某些方面的履职情况很难量化，如战略决策制定得是否科学等，从而造成对董事会的评价较为困难。因此，这样的评价对于董事会建设的指导意义十分有限。本研究有助于指导中国体育类上市公司从董事会资本的角度优化董事会成员结构，提升董事会对企业价值创造的贡献，也可为监管部门完善董事、董事会评价办法提供借鉴。

其次，本研究可能为中国体育类企业的发展提供借鉴和指导。全民健身上升为国家战略之后，体育产业利好政策密集出台，我国对体育产业的重视程度前所未有。体育类企业的成长与壮大，不仅与中国经济改革和发展的质量息息相关，而且有助于提高老百姓的生活质量，解决新时代的主要矛盾。因此，改善中国体育类企业经营绩效，是政府和企业共同关注的问题。而体育类企业的成长壮大，需要企业具备科学的组织结构和运行机制。中国体育类企业在利好政策频出的情况下绩效表现不佳，很大程度上归因于董事会在战略职能方面的效能低下。本研究探索董事会治理如何影响企业绩效，有助于加强微观的企业内部制度建设，同时，也为中国体育类企业提升企业绩效，获取可持续的竞争优势提供实践指导。

二、创新之处

（一）研究特色

董事会战略角色由消极观到积极观的转变，这种转变被定性和定量的相关研究所支持。董事会战略职能背后的支撑因素逐渐引起重视，以董事的知识、技能、经验和社会关系为表现形式的董事会资本问题开始受到理论界和学术界的关注。然而，所有这些理论研究都没有真正地涉及董事会资本对企业战略的作用机制。尤其是关于董事会资本的类别，以及这些资本影响董事会战略角色的具体特征、作用机制和经济后果的研究较少。本研究主要致力于就这些方面弥补以往研究的不足，研究特色主要有以下五点。

第一，已有关于董事会资本的研究主要是针对西方国家，而本研究主要关注中国的董事会资本的战略治理效应，解读在转轨情境下董事会资本在企业绩效治理中的有效性特征。

第二，已有关于中国企业董事会的研究更多的是关注董事会的结构与人口统计特征和企业战略的关系，而本研究致力于探索董事会资本与董事会的战略职能蕴含的治理行为作用结果，即董事会的人力资本和社会资本如何影响企业战略治理从而为企业创造价值，进一步打开了董事会战略角色与企业战略绩效之间存在的“黑箱”。

第三，已有关于中国企业绩效的研究多集中在政策法规、市场环境、资本结构、研发投入、技术创新、股权结构、人力资源管理、高管团队人口统计特征与企业绩效的关系等方面，而本研究主要关注作为战略决策主体的董事会的人力资本和社会资本对企业绩效的影响，拓展了目前有关企业绩效的理论研究。

第四，已有的研究要么从代理理论的视角研究董事会的控制角色与企业战略的关系，要么从资源依赖的视角研究董事会的服务角色与企业战略的关系，还有学者将董事会资本本身作为一种异质性资源，从资源基础观的视角，研究董事会资本如何成为企业竞争优势的来源。而本研究综合运用代理理论、资源依赖理论和资源基础观，研究董事会资本如何在企业绩效中发挥作用。此外，本研究将董事会的这三种角色充分融合，将董事会的控制角色与服务角色作为董事会有效履行战略职能的重要条件。

第五，已有关于董事会治理的研究大多使用来自制造业上市公司的经验证据，而本研究首次尝试使用体育类上市公司的经验证据。享受政策红利却绩效不佳，说明体育类上市公司面临的困境有其独特性，使用一般治理理论研究体育类上市公司这个特殊领域的问题，有望揭示造成体育类上市公司发展困境的根本原因。

（二）创新点

随着中国经济改革的不断深入和现代企业制度的不断完善，董事会资本为中国企业在转轨经济中公司治理效率的提高提供了更为丰富的内涵，对于挖掘企业在新情境下的公司治理问题具有十分重要的理论和现实意义。本研究综合运用资源基础观、资源依赖理论和代理理论，采用规范分析与实证分析相结合的方法，采用中国体育类上市公司的经验证据，研究中国情境下董事会资本如何影响企业绩效，主要创新点有以下四点。

第一，构建了中国上市公司董事会资本测度指标体系。迄今为止，鲜有学者对于中国情境下的董事会资本进行研究，即使有少数相关的研究也比较分散，对于董事会资本进行测度时往往采用单一或者少数几个指标，难以综合反映董事会资本的内涵。本研究论述了董事会资本的形成机制与内涵，并基于较为充分的文献调研，选取董事会的受教育程度、会计专业背景、法律专业背景、CEO经验、行业嵌入度、背景的异质性程度等，作为董事会人力资本的测度指标；选取董事会的网络密度、与管理层之间的关系、连锁董事情况、政治背景、银行背景等作为董事会社会资本的测度指标。这些指标体系的构建能够为后续研究提供借鉴。

第二，揭示了董事会资本对企业绩效的作用机制。有关董事会与企业绩效的关系，学者们已经有了相对丰富的研究，然而，鲜有学者从董事会资本的角度进行研究。本研究运用董事会资本的概念，探索董事会履行战略职能的内在机制，对董事会与企业绩效的关系进行了相对科学的表述，并使用中国体育类上市公司的数据进行检验，为新兴经济国家的董事会在战略方面由“合规”向“有效”转型提供了新的理论依据和经验证据。

第三，从战略管理和公司治理双重视角认识董事会资本的作用。从战略管理的资源基础观角度，董事会资本可被视为一种有价值的、稀缺的、不可模仿的、可组织的资源，成为企业竞争优势的来源；从公司治理的资源依赖理论视角，董事会资本可被视为企业获取外部资源、降低企业对外部环境依赖的工具，成为企业生存和发展的重要动力。本研究尝试将这两种视角进行融合，为理解董事会资本与企业绩效的关系提供了更为丰富的理论依据，也从侧面证明了从战略管理与公司治理互动与融合的视角开展研究的可行性与先进性。

第四，从董事会资本的角度认识体育类上市公司的发展困境。本研究打破以往将体育类上市公司的发展问题归结于制度和环境的传统思维，从企业内部挖掘造成企业发展困境的根源，将董事会资本假设为影响企业绩效的前置因素并进行检验，为体育类上市公司的绩效研究提供了一个全新的视角。

第二章 文献回顾与研究述评

第一章阐明了本研究的研究背景、研究问题、研究内容和研究方法，在此基础上，有必要进行系统的文献研究，这是进行理论模型构建与检验的关键环节。本章首先阐述了不同理论视角下董事会的战略角色，分析了董事会战略角色如何由消极观向积极观转变，揭示了董事会资本是董事会参与战略的前提与依据，并对董事会资本的相关研究进行了回顾；其次对企业绩效的相关研究进行了综述；最后对上述研究做出较为全面的评述，识别出已有研究的不足和存在的研究机会，从而引出本研究的切入点。

第一节　战略视角下的董事会资本研究

尽管董事会资本研究近些年才备受关注，但事实上，它是有关董事会治理的研究不断发展、成熟的结果。在早期，学者们致力于研究董事会的角色定位，试图回答“董事会有什么用”的问题，在此过程中，董事会角色的重要性逐渐凸显出来，直到20世纪90年代，战略视角下的董事会研究迅速占据主导地位，董事会战略参与成为研究的焦点问题。然而，董事会参与战略的前提和依据是什么？一些学者开始探索董事会参与战略的过程与规律，先后出现了“结构观”和“能力观”两种观点，后者因其更为强大的解释力逐渐超越前者，衍生出董事会资本的概念。在1997年亚洲金融危机之后，出于对现实问题的回应，基于“能力观”的董事会资本逐渐引起重视，并在2007年开始的全球金融危机之后，涌现出了大量创新性成果，极大地推动了董事会治理的研究。本研究将详细阐述战略视角下的董事会资本研究的发展历程与研究现状，为后续的理论模型构建奠定知识基础。

一、董事会的战略角色

尽管学者们对于董事会在现代企业中的角色有很多种说法，但总体来说，现有文献中董事会的角色可以分为三类：控制角色、战略角色和服务角色[1]，如图2–1所示。

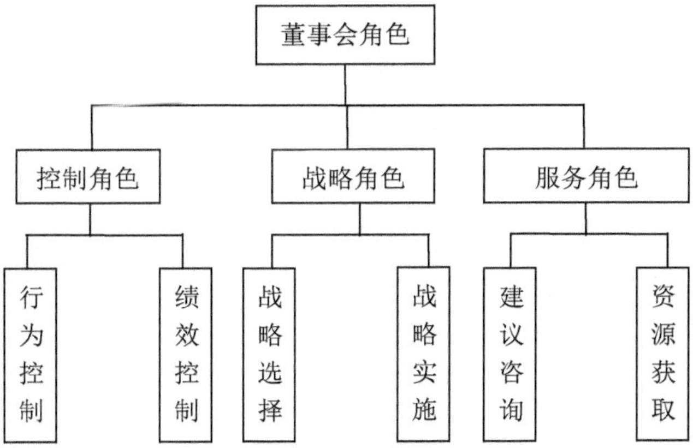

图2–1 董事会的角色

第一类是作为股东的受托人监督管理层，即控制角色。这种观点是基于代理理论产生的。在现代企业中，股东拥有企业的所有权，而管理层拥有企业的控制权，这种所有权和控制权分离的状况，很容易导致代理问题。当股东和经理们的利益有冲突的时候，经理们可能会牺牲股东的利益，追求个人私利。尤其是在一些大的企业中，所有权和控制权分离的局面，使高管具有绝对的权力来假公济私，而董事会

[1] Zahra S, Pearce J. Boards of Directors and Corporate Financial Performance: A Review and Integrative Model[J]. Journal of Management, 1989,15: 291–334.

作为一种监督机制可以削弱这种代理问题[1]。董事会的控制角色智能包括聘任高管（CEO）；监督和评价CEO的绩效；通过解雇CEO、调整高管薪酬等形式保护股东利益。

第二类是作为咨询者就企业的战略问题向管理层提供建议和意见[2]，甚至直接参与企业战略的制定和实施，这种角色就是董事会的战略角色。董事会的战略角色包括参与界定公司业务概念、建立公司使命、选择和执行公司战略[3]。董事会通过执行这些职能，能提高企业竞争地位，进而使企业价值最大化。这些职能的履行能保证企业有效执行经过精心选择的战略，追求特定的目标。

第三类是作为“跨界者”将组织和外部动态环境联系起来，管理企业的外部资源或构建组织的合法性，即服务角色（Johnson 等，1996），这种角色是基于资源依赖理论提出的。该理论将董事会视为获取企业关键性外部资源的工具。服务角色的职能包括为管理层提供建议和咨询、为企业提供合法性保障、塑造良好的公共形象、提供专业知识、帮助企业管理层与重要股东及其他重要角色建立和保持关系、增加企业获取有价值资源的机会、构建外部联系、推广创新等[4]。

那么，董事会究竟具有怎样的战略角色？纵观已有研究，主要从契约视角和战略与认知视角看待董事会在企业战略过程中的角色、职能和行为。

（一）契约视角下的董事会战略角色

契约视角下的董事会战略角色研究主要是依据管理层霸权理论（Managerial Hegemony Theory）、代理理论（Agency Theory）和利益相

---

[1] Jensen M C, Meckling W H. Theory of the Firm: Managerial Behavior, Agency Costs and Ownership Structure[J]. Journal of Financial Economics,1976, 3(4): 305–360.

[2] Johnson J L, Daily C M, Ellstrand A E. Boards of Directors: A Review and Research Agenda[J]. Journal of Management, 1996, 22(3):409–438.

[3] Judge W Q, Zeithaml C P. Institutional and Strategic Choice Perspectives on Board Involvement in the Strategic Decision Process[J]. Academy of Management Journal, 1992, 35(4): 766–794.

[4] Pfeffer J, Salancik G R. The External Control of Organizations: A Resource-dependence Perspective[M]. New York: Harper & Row, 1978.

关者理论（Stakeholder Theory）来看待董事会的战略角色。

1. 管理层霸权理论

企业所有者与实际控制者是分离的，所有者并不能有效控制企业，职业管理者因拥有充分的企业运营信息而成为企业的实际控制者。虽然管理层霸权理论认可董事会的监督职能，但是该理论认为董事会是消极和虚拟的法律组织，管理层应对战略制定、实施以及组织控制承担全部责任[1]。管理层特别是CEO能通过董事选举的提名程序影响董事的选任，因此董事会忠诚于选聘他们的管理层。同时，董事会也需要通过管理层获取企业运营信息，因此是一种消极的监督机构[2]。运营和控制企业的实际责任由管理层承担，企业战略也是由管理层制定和负责实施。

虽然董事会可以在企业突发危机的情况下发挥一定作用，但在企业正常运营过程中，管理层仍然掌握着企业的实际控制权，董事会实质上只是一个法律虚拟体，发挥着“橡皮图章”的作用，即通过董事会审批使管理层的行为合法化。因此，基于管理层霸权理论的逻辑，董事会是消极的，并没有实质参与企业战略管理过程。

2. 代理理论

所有权与经营权分离导致股东和管理层具有不同的利益诉求，管理层可能做出损害股东利益的决策和行为。管理层对企业的决策负责，董事会通过战略控制和监督管理层，以降低代理成本和保护股东利益[3]。因此，董事会是制约管理层自利行为的重要制度安排，监督职能是董事会最重要的职能。董事会的独立性是董事会实施有效监督、履行监督职能的重要条件，拥有较多外部董事的董事会能更有效地监

[1] Mace M. Directors: Myth and Reality [M]. Boston, MA: Harvard Business School Press, 1971.

[2] Kosnik R D. Greenmail: A Study of Board Performance in Corporate Governance[J]. Administrative Science Quarterly, 1987, 32(2): 163-185.

[3] Jensen M C, Meckling, W H. Theory of the Firm: Managerial Behavior, Agency Costs and Ownership Structure[J]. Journal of Financial Economics,1976, 3(4): 305-360.

督和控制管理层的自利行为[1]。对于企业的战略决策，董事会仅仅发挥参谋作用，对企业战略决策的制定和执行提供建议和咨询，管理层通常负责企业战略决策的制定与执行。

3. 利益相关者理论

任何企业发展都离不开利益相关者（股东、债权人、雇员、消费者、供应商、社区等）的投入，企业不仅要为股东利益服务，同时也要保护其他利益相关者的利益。与代理理论仅承认股东具有企业剩余索取权相比，利益相关者理论认为：企业有责任协调各种利益相关者的利益冲突，提出满足利益相关者要求的解决方案和措施[2]。这种利益相关者的利益协调功能，要求企业所有者和董事会协作提出具有协议性的战略目标。一旦战略目标获得利益相关者的接受，董事会必须评价和讨论战略提议和监督管理层行为，以保证不偏离利益相关者共同认可的企业目标。另外，董事会也为利益相关者提供租金分配的仲裁。综上所述，利益相关者理论认为，董事会应发挥战略控制作用，监督管理层行为，以保障利益相关者利益。

契约视角的董事会理论（管理层霸权理论、代理理论和利益相关者理论）对董事会的战略角色认识有限，除战略控制外，并没有认识到董事会在企业战略决策中的其他作用，具有一定的局限性。

（二）战略与认知视角下的董事会战略角色

根据董事会介入企业战略决策制定过程的情景的差异，战略与认知视角下的董事会理论可分为以下两类：一是资源依赖理论和管家理论（Stewardship Theory），这一类并没有按照战略过程来关注董事会行为；二是战略选择观（Strategic Choice Perspective）和认知观（Cognitive Perspective），这一类对董事会战略参与的解释体现了战略决策的程序性过程。

[1] Weisbach M S. Outside Directors and CEO Turnover[J]. Journal of Financial Economics, 1988, 20 (Jan./Mar.): 431-460.

[2] Donaldson T, Preston L. The Stakeholder Theory of the Corporation: Concepts, Evidence, and Implications[J]. Academy of Management Review, 1995, 20(1): 65-91.

1. 资源依赖理论

大量关系组织生存和发展的稀缺、有价值的资源都需要组织从外部环境获取，董事会是建立企业与外部环境联系的重要机制。资源依赖理论将研究焦点集中在企业与外部环境的关系上，指出董事会的资源联系角色是企业获得成功的重要因素。董事会凭借与外部环境的联系，在企业战略管理过程中承担重要职责，具体来说：董事会给管理层提供建议、咨询；提供合法性和维护公司形象；构建外部组织与企业信息交流的渠道；优先获取外部支持[1]。根据资源依赖理论，提高董事会有效性的途径是扩大董事会规模、聘任连锁董事[2]。由此可见，基于资源依赖理论的逻辑，董事会在企业战略管理过程中应发挥积极作用。

2. 管家理论

与代理理论不同的是，管家理论否定了代理理论中的管理层机会主义的假设，认为企业所有者和管理层是一种利益一致的信托关系，管理层能做到以股东利益最大化为决策原则。管理层对自身尊严、事业追求和工作满足感的要求，促使他们努力经营企业，做好企业资产的管理者和组织者[3]。基于管家理论，董事会需要在管理层的监督者和管理层的战略协作者两个角色之间保持平衡。董事会作为战略协作者能提出有关战略计划、风险管理和战略执行的不同观点，提高决策质量，进而提高企业绩效。同时，董事会和管理层的密切联系能使董事会获取充分的信息，从而提高监督的有效性。因此，董事会的主要职能是和管理层建立利益一致的合作关系，并赋予管理层有效完成战略方案的权力。董事会作为管理层合作者，应积极参与企业事务，就企业战略决策、风险管理与运营计划等方面提供咨询和建议[4]。

---

[1] Hillman A J, Dalziel T. Boards of Directors and Firm Performance: Integrating Agency and Resource Dependence Perspectives[J]. The Academy of Management Review 2003, 28(3):383-396.

[2] Daily C M, Dalton D R. Bankruptcy and Corporate Governance: The Impact of Board Composition and Structure[J]. Academy of Management Journal, 1994, 37(6): 1603-1617.

[3] Donaldson L.The Ethereal Hand: Organizational Economics and Management Theory [J]. Academy of Management Review, 1990, 15(3): 369-381.

[4] Davis J H, Schooman D F, Donaldson L. Toward a Stewardship Theory of Management[J]. Academy of Management Review, 1997, 22(1): 20-47.

3. 战略选择观

Child（1976）基于“战略选择”概念提出了一个理论模型，认为战略决策过程受到决策者的价值观、感知、技能和环境信息的制约[1]。为了做出较好的战略决策，董事会应积极参与战略制定和评价活动。董事会从事的战略活动涉及环境评估，计划、执行和评价战略方案，为资产剥离、并购、研发等企业战略行为服务。董事会构建企业与外部环境的联系，收集外部环境变化、复杂性及主要利益相关者的信息；担任管理职务的董事具有战略决策的职业经验，战略决策过程的不确定性和复杂性需要他们积极参与，为管理层提供信息和指导。董事会因具有这些优势，所以能在企业战略制定中发挥积极作用[2]。

4. 认知观

Rindova（1999）提出了一个理论框架，研究董事认知对企业战略制定的影响，假设董事对企业战略决策过程具有重要认知贡献。在这个认知框架中，董事依靠专业和通用知识、职业经验和技能解决战略决策问题；知识、职业经验和技能是对诸如环境评估、理解和选择等战略与认识行为的关键性认知投入，以应对战略过程的复杂性和不确定性[3]。McNulty & Pettigrew（1999）等将战略描述为决策、变革和控制三个关键环节，董事会的战略角色体现在参与战略决策，修正战略决策和修正战略内容、情景和行为三个层次。判断战略介入层次的差异要依据董事会是否参与战略过程的某些环节，具体地说：①通过战略决策，董事会可以批准、拒绝或要求修改管理层提议，低层次战略参与有助于董事会对管理层进行控制；②在第二层次战略参与中，董事会讨论会影响管理层的战略思考和最终决策；③在最高层次战略参与

[1] Child J. Organization Structure, Environment, and Performance: The Role of Strategic Choice[J]. Sociology, 1972, 6(1): 1-22.

[2] Andrews K. Directors' Responsibility for Corporate Strategy [J]. Harvard Business Review, 1980, (Nov./ Dec.): 112-119.

[3] Rindova V P. What Corporate Boards have to do with Strategy: A Cognitive Perspective[J]. Journal of Management Studies, 1999, 36(7):953-975.

中，董事能影响战略过程条件，以保证企业战略的成功[1]。董事会是一个决策群体，董事会有效性取决于董事之间的信息交流和关键性讨论（认知和冲突）以及知识和技能的使用等因素[2]。总而言之，认知观强调了董事认知、经验、知识和技能在战略决策过程中的作用。

战略选择观和认知观主要关注价值创造的战略维度，特别是对创造新战略机会的董事会角色比较感兴趣。企业的价值创造过程不仅要考虑代理成本，还需要考虑组织学习和发展新机会。战略与认知视角理论对董事会构成和角色的解释与契约视角理论有诸多不同，比如董事会构成应该以知识和技能多元化为基础，不能仅局限于内外部董事的简单区分；董事会应通过建议、咨询和贡献认知参与企业战略管理[3]。

董事会角色和职能定位依托于董事会和管理层的权力分配。权力内生于制度，具有动态性和潜在不稳定性；同时，战略决策的本质具有不确定性和模糊性，因此董事会战略参与具有复杂性。这种复杂性来源于企业制定和实施决策过程中多个行动主体的偏好差异。随着理论界对于董事会在企业战略过程中的作用的认识日益深入，董事会也从管理层霸权理论中的“附庸者”，演变成战略选择观和认识观中的“决策者”；董事会在战略参与中的态度也由“消极观”向“积极观”转变[4]。

消极观假设战略决策过程既分散又连续，认为管理层负责制定和实施决策方案，董事会通过评价战略实施结果履行战略控制职责；积极观假设董事会和管理层是合作关系，认为董事会和管理层协作制定企业战略，管理层负责执行企业战略，两者共同评价战略结果（表

[1] McNulty T, Pettigrew A. Strategists on the Boards [J]. Organization Studies, 1999, 20(1): 47-74.

[2] Forbes D P, Milliken F J. Cognition and Corporate Governance: Understanding Boards of Directors as Strategic Decision-making Groups [J]. Academy of Management Review, 1999, 24(3): 489-505.

[3] McNulty T, Pettigrew A. Strategists on the Boards [J]. Organization Studies, 1999, 20(1): 47-74

[4] Hendry K, Kiel G C. The Role of the Board in Firm Strategy: Integrating Agency and Organizational Control Perspectives [J]. Corporate Governance: An International Review, 2004, 12(4): 500-520

2-1）。解释董事会战略角色的理论并无优劣之分，只是某些理论可能对特定企业群体的董事会战略角色更具有解释力。企业战略决策通常以复杂、非线性和碎片性的过程演进，有的学者认为需要考虑理论的互补性，建立整合性理论模型来解释董事会的战略角色[1]。

表2-1 董事会战略角色理论解释的比较

消极观：契约视角的董事会理论		积极观：战略与认知视角的董事会理论	
主要观点：企业是契约的集合，契约基于管理层和股东/利益相关者的代理关系。董事会主要履行监督角色，不参与起草企业战略。		主要观点：企业是关键技能的集合，知识是企业价值创造过程中的一种重要资本。董事会在企业战略管理过程中发挥重要作用。	
理论	董事会战略角色	理论	董事会战略角色
管理层霸权理论	附庸者：管理层负责公司运营，董事会是消极的，并不参与企业战略的制定和实施，发挥“橡皮图章”作用。	资源依赖理论	支持者：董事会能减少环境的不确定性，帮助企业获取外部资源，提供合法性支持和维护公司形象。
代理理论	监督者：董事会保障管理层行为和股东利益保持一致；董事会发挥战略控制作用，监督管理层行为。	管家理论	合作者：管理者不是机会主义者，他们也是好的公司资产管家。董事会负责看管公司资产，参与企业战略方案的讨论。
利益相关者理论	监督者：董事会提供了连接管理层和其他利益相关者的“桥梁”，保障企业科学决策，维护利益相关者的利益。董事会发挥战略控制作用，监督管理层行为。	战略选择观和认知观	决策者：董事会是企业战略决策主体，参与企业战略决策的全部过程。董事的知识和经验对董事会有效性具有关键性影响。

国内学者的研究，更多的是基于委托代理理论，强调董事会的控制角色，董事会代表股东利益与管理层形成“零和博弈”的关系。但近年来，有关董事会战略角色的研究逐渐增多。徐二明（2007）提出企业战略的微观组织机制主要通过董事会职能的行使来实现，并从根本上决定了企业的发展轨道[2]。全球经济一体化、公司治理丑闻、资本市场开放，使董事会的职能成为公司治理讨论的焦点议题。作为公司

[1] Bammens Y, Voodeckers W, Vangils A. Board of Directors in Family Businesses: A Literature Review and Research Agenda [J]. International Journal of Management Review, 2011,13(2):134–152

[2] 徐二明, 张晗．基于战略的公司治理研究[J]．当代财经, 2007(1)：61–64.

的最高战略决策机关，董事会必须履行其战略职能，对公司进行战略性指导，确保企业决策的科学性[1]。在中国，国有企业占有举足轻重的地位，在国有企业改革中，必须突出董事会的战略职能，董事会制定企业的重大决策，管理层执行决策，构建一种符合中国实际情况的公司治理模式，才能在竞争日益激烈的环境中站稳脚跟[2]。

综合以上研究，可以认为，董事会的战略角色越来越成为董事会的主要角色。战略决策的制定和实施是动态的过程，是相互作用、商议、讨论的结果[3]。基于这个视角，战略是董事会和管理层的共同职能，这两个团体对决策制定都有直接的责任，他们一起发挥作用来改善企业的绩效[4]。

二、战略治理的内涵与依据

（一）战略治理的内涵

集中体现董事会战略角色积极观的是“战略治理”（Strategic Governance）概念的提出。Kriger & Rich（1987）在研究企业跨国经营过程中董事会的作用时，首次提出战略治理的概念。他们认为在跨国公司的战略管理过程中，面对东道国政府的压力、经济增长的变化、法律法规变迁及利益相关者的诉求，海外子公司的董事会成为母公司了解当地环境的“战略窗口”[5]。虽然他们并没有具体解释战略治理的内涵，但却强调了董事会的战略职能，即董事会具有监控当地治理和战略问题的作用。全球化以及政治、经济和社会变化的动态性都对董事会的战略导向作用提出了更高的要求。肩负实现股东期望和治理的

[1] 李维安．公司治理[M]．天津：南开大学出版社，2001.

[2] 李维安．国企改革的攻坚战：“央企”的董事会建设[J]．南开管理评论，2006(4):1.

[3] Kor Y Y. Direct and Interaction Effects of Top Management Team and Board Composition on R & D Investment Strategy[J]. Strategic Management Journal, 2006, 27(11):1081–1099.

[4] Westphal J D, James D. Collaboration in the Boardroom: Behavioral and Performance Consequences of CEO-board Social Ties[J]. Academy of Management Journal, 1999, 42(1): 7–24.

[5] Kriger M P, Rich P J. Strategic Governance: Why and How MNCs are Using Boards of Directors in Foreign Subsidiaries[J]. Columbia Journal of World Business, 1987(Winter): 39–45.

责任，董事会要善于将战略和公司治理结合起来，研究通过两者互动以实现价值创造的机制[1]。这与Schmidt & Brauer（2006）的观点是一致的，他们认为董事会的战略角色是通过指导战略的制定与实施来实现的，而董事会在履行其战略角色中的有效性即战略治理[2]。由此可见，关于战略治理的研究，最初是围绕着董事会的战略角色展开的。

在公司治理的制度架构中，董事会是出资人的代理人，也是将决策权委托给管理层的委托人，具有双重角色，因而在企业战略决策过程中发挥着举足轻重的作用。在公司治理研究领域，也因此逐渐形成一个聚焦董事会与企业战略关系的热点问题。周建和陈晓燕（2010）将该问题归结为基于董事会-战略关系（Board-strategy Relationship）的战略治理问题，这是国内有关战略治理的较早的研究。他们认为战略治理的核心问题就是董事会如何定位其在企业战略管理过程中的角色。

显然，从思想渊源上来看，战略治理属于战略管理与公司治理的交叉领域。战略管理的目标在于实现企业基业长青，而公司治理的目标在于通过建立正式的治理结构与机制，引领企业向正确的方向发展。那么在战略和治理的双重视角下，企业的价值创造机制应当表现为战略决策主体运用公司治理制度架构，确保企业实现基业长青的目标，即构建有效的微观组织机制，以实现可持续竞争优势。保证微观组织机制有效性的核心，就是具有代理人和委托人双重身份的董事会，要在战略决策制度框架中发挥适当的战略角色。因此，战略治理是有关董事会如何有效参与企业战略决策过程的一整套制度安排，其目标是构建企业可持续竞争优势的制度平台[3]。

在研究文献中，战略治理较多体现为董事会对战略决策过程的介入程度问题，主要涉及董事会战略介入的程度划分、影响因素、介入模式及经济效果等。McNulry & Pettgrew（1999）将董事会的战略介入

[1] Walt N V, Ingley C. Evaluating Board Effectiveness: The Changing Context of Strategic Governance[J]. Journal of Change Management, 2001, 1(4): 313-331.

[2] Schmidt S L, Brauer M. Strategic Governance: How to Assess Board Effectiveness in Guiding Strategy Execution [J]. Corporate Governance: An International Review, 2006,14(1):13-22.

[3] 周建,陈晓燕. 战略治理：企业可持续竞争优势新源泉[N]. 中国社会科学报,2010-9-30.

分为三个层次：参与战略决策，修正战略决策，修正战略内容、情景和行为[1]。Stiles（2001）认为，董事会的作用较少地体现在制定战略上，而更多的是设定战略环境，以及在战略提议方面充当守门人的角色。守门人的作用特别适用于有关战略变革和资源分配的决策[2]。

许为宾和周建（2014）对近40年的董事会战略参与研究发展轨迹进行了回顾，发现董事会的战略参与大体上经历了有限理解和备受重视两个阶段，这不仅体现了董事会职能的变化，也反映了董事会战略参与研究的价值和意义[3]。

尹翠芳等（2011）基于资源基础观的视角，从董事会信息、董事会知识和董事会认知三个方面，研究了企业战略治理如何影响战略决策质量，从而影响企业价值生成的机制[4]。王鹏飞和周建（2011）提出了董事会战略介入的三种模式：分离模式、调节模式和中介模式[5]。龚红等（2007）认为，在资本市场不够完备的情况下，董事会应当介入企业战略管理的全过程。为此，他们构建了一套董事会对企业战略管理过程进行评价的指标体系，目的是使董事会有效作用于战略管理过程，从而为企业创造价值[6]。

李国栋和薛有志（2011）从董事会职能角度分析了董事会战略介入的经济效应，并基于董事会结构探讨了董事会监督职能与战略职能的兼容性如何影响其战略介入效果。结果表明，董事会监督职能与战略职能有必要也有可能进行融合，这种融合能够提高董事会的有效性[7]。Schmidt & Brauer（2006）提出用企业资源分配决策与战略的一致

---

[1] McNulty T, Pettigrew A. Strategists on the Board[J]. Organization Studies, 1999, 20(1): 47–74.

[2] Stiles P, Taylor B. Boards at Work, How Directors View Their Roles and Responsibilities[M]. New York: Oxford University Press, 2001.

[3] 许为宾, 周建．董事会战略介入研究回顾与展望[J]．现代管理科学, 2014(11)：27–29.

[4] 尹翠芳, 周建, 金媛媛．战略治理对企业价值生成的作用机理研究——基于资源基础观的视角[J]．珞珈管理评论 2011(2)：31–41.

[5] 王鹏飞, 周建．董事会战略介入模式研究 [J]．外国经济与管理, 2011(12)：33–41.

[6] 龚红, 宁向东, 崔涛．董事会对公司战略过程评价：逻辑架构与指标体系[J]．南开管理评论, 2007(5)：26–30.

[7] 李国栋, 薛有志．董事会战略参与效应及其影响因素研究[J]．管理评论, 2011(3)：98–106.

性来测度董事会战略介入的有效性[1]。

然而，董事会战略介入在不同的制度环境下、不同战略的组织中效果可能是不相同的，因此，有必要关注董事会影响战略的制度因素和情景因素，这是战略治理的一个主要研究方向。

关于影响董事会战略介入效果的主要因素，即战略治理的依据问题，目前学术界形成了基于董事会结构的结构观和基于董事会资本的能力观。

（二）战略治理的结构观

结构观认为包括董事会规模、外部董事的比例、董事长与CEO两职合一等指标在内的董事会结构是影响董事会战略介入效果的主要因素。

1. 董事会规模

资源依赖理论认为，规模大的董事会能增加企业处理环境不确定性和构建外部联系的能力。随着环境复杂性和不确定性增加，董事会将面对更多信息处理需求，规模大的董事会具有更强的信息处理能力，能够对企业发展做出更大的贡献[2]。然而，董事会规模越大，协调成本越高，董事也可能在企业战略讨论中“搭便车”，从而弱化董事会对企业战略的积极贡献[3]。同时，有些董事可能由于欠缺企业经营方面的关键信息，在制定和实施企业战略过程中受到企业管理层的控制。根据代理理论，董事会规模对其战略介入程度具有消极作用，如Judge等（1992）证实了董事会规模与董事会战略介入程度呈负相关关系[4]。但也有研究表明，董事会规模与董事会战略介入的关系不显

[1] Schmidt S L, Brauer M. Strategic Governance: How to Assess Board Effectiveness in Guiding Strategy Execution [J]. Corporate Governance: An International Review, 2006,14(1):13–22.

[2] Pearce J A, Zahra S A. Board Composition from a Strategic Contingency Perspective [J]. Journal of Management Studies, 1992, 29(4): 411–438.

[3] Golden B R, Zajac E J. When will Boards Influence Strategy? Inclination × Power = Strategic Change [J]. Strategic Management Journal, 2001, 22(12): 1087–1111.

[4] Judge W Q, Zeithaml C P. Institutional and Strategic Choice Perspectives on Board Involvement in the Strategic Decision Process[J]. Academy of Management Journal, 1992, 35(4): 766–794.

著[1]。

2. 外部董事的比例

不同理论对董事会外部董事比例要求具有较大差异。例如，代理理论强调董事会独立性，认为外部董事能在企业战略决策过程中提供更为客观的意见；而战略选择观认为内部董事因掌握较为充分的企业运营信息，可以在董事会讨论中提供有价值的意见和建议，有助于董事会更好地参与战略决策过程[2]。事实上，董事会监督角色和战略角色并不完全对立，董事会需要在战略讨论和战略监督间保持平衡。Tashakori等（1983）证实内部董事比例越高，董事会在战略计划过程中参与程度越高[3]。但也出现了不一致的实证结论，如Judge 等（1992）发现了内部董事比例与董事会战略介入程度负相关，担任管理职务的内部董事对企业战略介入程度低是因为担心挑战CEO的权威等[4]。

3. 董事长与CEO两职合一

代理理论对CEO兼任董事长持批判态度，兼任CEO的董事长负责组织董事会会议，影响会议议题选择和信息提供，董事会可能会受到CEO制约；同时董事会受制于CEO权威也难以客观评价管理层绩效[5]。而管家理论认为，管理层能以股东利益最大化为原则进行决策，因此CEO兼任董事长有助于建立董事会与管理层的良好沟通机制，有利于企业对外部环境变化做出迅速反应。然而从公司治理实践来看，监管机构和企业更加偏好董事长和CEO两职分离，因为CEO兼任董事长可能

---

[1] Ruigrok W, Peck S, Keller P. Board Characteristics and Involvement in the Strategic Decision-making: Evidence from Swiss Companies [J]. Journal of Management Studies, 2006, 43(5): 1201-1226.

[2] Baysinger B, Hoskisson R E. The Composition of Boards of Directors and Strategic Control: Effects on Corporate Strategy [J]. Academy of Management Review, 1990, 15(1): 72-87.

[3] Tashakori A, Boulton W R. A Look at the Board' s Role in Planning [J]. Journal of Business Strategy, 1983, 3(3): 64-70.

[4] Judge W Q, Zeithaml C P. Institutional and Strategic Choice Perspectives on Board Involvement in the Strategic Decision Process[J]. Academy of Management Journal, 1992, 35(4): 766-794.

[5] Pearce J A, Zahra S A. The Relative Power of CEOs and Boards of Directors: Associations with Corporate Performance [J]. Strategic Management Journal, 1991, 12(2): 135-153.

会妨碍外部董事反对和挑战管理层的战略提议[1]。因此，CEO兼任董事长对董事会战略介入具有消极影响。Ruigrok等（2006）的研究也证实了董事长与CEO两职合一的董事会的战略介入程度偏低[2]。

总体而言，基于结构观研究战略治理，主要是以代理理论为基础，强调了董事会的监督职能。然而，以上研究并没有回答董事会如何影响企业战略绩效的问题。因为即使两个企业的董事会规模相同，独立董事比例相同，董事长与CEO的兼任情况也相同，也可能会由于董事会具备不同的专业能力和社会关系而产生不同的战略绩效。遵循这条线索，国外一些学者开始关注构成董事会能力基础的董事会资本问题。

（三）战略治理的能力观

能力观认为由董事会专业能力和关系能力构成的董事会能力是战略治理的主要因素。一些学者使用董事会人力资本与董事会社会资本分别作为董事会专业能力和董事会关系能力的代理变量，研究作为董事会能力基础的董事会资本如何影响战略治理，这也正是本研究的逻辑起点。

1. 董事会资本的内涵

Hillman & Dalziel（2003）首次将董事会资本概念引入战略管理与公司治理的交叉研究中。他们认为董事会资本由董事会人力资本和董事会社会资本构成[3]，可用于衡量董事会为企业提供资源的能力。其中，董事会人力资本是指董事会成员共同带给董事会的知识、技能和经验的组合；董事会社会资本是指包括董事会成员所拥有的企业内外部关系，以及由这些关系所带来的潜在资源的组合。

---

[1] Golden B R, Zajac E J. When will Boards Influence Strategy? Inclination × Power = Strategic Change [J]. Strategic Management Journal, 2001, 22(12): 1087–1111.

[2] Ruigrok W, Peck S, Keller P. Board Characteristics and Involvement in the Strategic Decision-making: Evidence from Swiss Companies [J]. Journal of Management Studies, 2006, 43(5): 1201–1226.

[3] Hillman A J, Dalziel T. Boards of Directors and Firm Performance: Integrating Agency and Resource Dependence Perspectives[J]. Academy of Management Review, 2003, 28(3): 383–396.

根据边界和功能的不同，董事会社会资本可以进一步被划分为内部社会资本和外部社会资本。内部社会资本是指董事会成员之间以及董事会与管理层之间所建立起来的社会资本，而外部社会资本则是指董事会成员由于在行业内担任某种职务，与行业内其他角色（包括供应商、分销商和主要客户等）建立起来的良好关系所形成的社会资本。这两种不同类型的社会资本具有不同的特点，能够为董事会提供不同类型的资源[1]。不过，维持社会资本是需要成本的，所以一般来说，当董事会拥有的内部社会资本较多时，其拥有的外部社会资本就会较少，反之亦然[2]。

虽然很容易理解董事会资本由董事会人力资本和董事会社会资本构成，但事实上，人力资本与社会资本是相互依存、密不可分的。为此，Haynes & Hillman（2010）构建了一个新的董事会资本模型，该模型从董事会资源提供的职能出发，将董事会的人力资本和社会资本的相关因素分离出来，然后上升到董事会整体层面对这些因素进行归纳。他们认为，董事会资本具有广度和深度。董事会资本广度涉及董事会成员在受教育、任职背景、职业、年龄和任期等方面的异质性；以及通过连锁董事身份或在其他行业任职形成的行业关系的异质性。董事会资本深度主要指董事会成员通过连锁董事身份、行业内任职和职业经验涉入企业所在行业的深度[3]。

2. 董事会资本与战略治理[4]

目前有关董事会资本与战略治理的研究主要集中在董事会资本对企业战略变革、竞争战略和创新战略等方面的影响。

---

[1] KiM Y, Cannella A. Toward a Social Capital Theory of Director Selection[J]. Corporate Governance：An International Review, 2008, 16(4)：282–293.

[2] McFadyen M A, Cannella A. Social Capital and Knowledge Creation：When do Marginal Costs Associated with Social Capital Exceed Marginal Benefits?[J]. Academy of Management Journal, 2004, 47(5): 735–746.

[3] Haynes K T, Hillman A. The Effect of Board Capital and CEO Power on Strategic Change[J]. Strategic Management Journal, 2010, 31(11)：1145–1163.

[4] 周建, 金媛媛, 刘小元．董事会资本研究综述[J]．外国经济与管理, 2010 (12)：27–35.

（1）董事会资本对企业战略变革的影响

企业依赖董事会引导战略决策以应对瞬息万变的竞争环境，而董事会通过其人力资本和社会资本影响企业的战略决策。当然，作为战略决策的一个重要方面，战略变革也会受到董事会资本的影响，但董事会资本的广度和深度对战略变革的影响是不同的。

①董事会资本广度对战略变革的影响

衡量董事会资本广度的主要指标是异质性，因此，有关董事会资本广度如何影响战略变革的研究主要是基于异质性理论而发展起来的。根据异质性理论，复杂的战略需要认知异质的领导团队介入，原因在于异质性领导团队可以帮助企业在动荡的环境中创新领导方式，增强创造力，从而提升企业绩效[1]。

董事会是企业的最高领导团队，异质性的董事会不但更容易从外部获取有价值资源，而且拥有广泛的知识，掌握丰富的经验，具备很高的创造力。人力资本和社会资本的异质性（资本广度）不仅能够丰富企业的战略选择方案，而且能使很多方案得以落实，从而使得潜在的战略选择更加容易变成现实的战略。Golden & Zajac（2001）的研究表明，董事会的异质性往往表现为董事会成员的经验与专业技能的多样化，这种多样化有助于增加董事会的选择，扩大董事会战略决策的范围，从而有利于战略变革的发生。相反，同质化的董事会导致比较狭窄的选择和战略决策范围，不利于战略变革的发生[2]。Miller等（1998）的研究也印证了这种观点。他们认为认知异质性能够提升战略选择的综合性和延伸性[3]。可见，董事会资本广度越宽，战略变革就越有可能发生。

---

[1] Priem R L, Lyon D W, Dess G G. Inherent Limitations of Demographic Proxies in Top Management Team Heterogeneity Research[J]. Journal of Management, 1999, 25(6): 935–953.

[2] Golden B R, Zajac E J. When will Boards Influence Strategy? Inclination × Power = Strategic Change [J]. Strategic Management Journal, 2001, 22(12): 1087–1111.

[3] Miller C C, Burke L M, Glick W H. Cognitive Diversity among Upper-echelon Executives: Implications for Strategic Decision Processes[J]. Strategic Management Journal, 1998,19(1): 39–58.

②董事会资本深度对战略变革的影响

不管董事会成员是在行业内任职还是担任连锁董事，他们的任职经验都有利于提高董事会对企业所在行业的了解，从而提高行业涉入程度。董事会的行业涉入程度越高，将越能督促企业采取与行业内主流战略相匹配的战略行动[1]。Geletkanycz & Hambrick（1997）也认为，如果董事会资本深度由于行业知识、任期、经验等因素而提高，那么董事会所做出的战略决策越能体现出行业主流战略模式[2]。因此，董事会资本深度越大，企业就越不容易产生战略偏离（即企业战略相对于行业内主流战略的偏离），但有关研究表明，董事会资本深度对战略偏差（即企业战略相对于过去企业采用的战略的变化）的影响并不显著（Haynes & Hillman，2010）。

值得一提的是，董事会资本和战略变革之间的关系可能受到其他因素的影响。例如，CEO对董事会的影响不言而喻：一个拥有较大权力的CEO能够威胁到董事会的独立判断[3]。基于此，Haynes & Hillman（2010）以标准普尔500强公司作为样本，研究了CEO权力对董事会资本与战略变革之间关系的影响，结果表明，相对于董事会权力更大的CEO，更倾向于维持现有的战略，从而抑制董事会资本广度对于战略变革的积极影响，但是CEO权力对董事会资本深度与战略变革之间关系的影响甚微。

（2）董事会资本对企业竞争行为的影响

竞争行为是指一个企业在它所在的行业内通过发动具体的、可观察的竞争行动以获取和维持某种竞争优势的方式，具体包括竞争倾向、竞争重要性和竞争复杂性三个维度。竞争倾向是指一个企业发动竞争行动的偏好，常常与扩大市场份额和提高企业获利能力相关；竞

[1] Haynes K T, Hillman A. The Effect of Board Capital and CEO Power on Strategic Change[J]. Strategic Management Journal, 2010, 31(11): 1145–1163.

[2] Geletkanycz M A, Hambrick D C. The External Ties of Top Executives: Implications for Strategic Choice and Performance[J]. Administrative Science Quarterly, 1997, 42(4): 654–681.

[3] Dalton D R, Kesner I F. Composition and CEO Duality in Boards of Directors: An International Comparison [J]. Journal of International Business Studies, 1987, 18(3): 33–42.

争重要性是指竞争行动的重要程度，主要与竞争所需要的资金和其他资源的数量以及对企业运营的影响程度相关；竞争复杂性通常以企业所采取的竞争行动类型的数量来衡量[1]。一般而言，董事会通过影响企业制定决策的意识、动机和能力来影响企业采取的竞争行为的性质。具体来讲，董事会主要依赖其人力资本影响企业的竞争倾向和竞争重要性，依赖其社会资本影响竞争复杂性。

①董事会人力资本对竞争倾向的影响

首先，董事会人力资本水平越高，其成员越能够意识到市场蕴含的机会，正确判断企业是否有能力通过发起某种竞争行动来利用这次机会[2]。其次，董事会人力资本水平越高，越能快捷地处理信息，帮助企业扬长避短，提高企业利用外部机会的能力[3]。最后，董事会人力资本水平越高，越有利于企业获取外部资源。

Arrow（1973）认为，资源所有者在与企业客户打交道时会事先研究企业客户董事会的能力；机构投资者、股票分析师等也会研究董事会的人力资本状况，并把它作为重要的决策依据或分析报告的一项重要内容[4]。综上所述，董事会人力资本水平越高，就越有利于企业把握机会、处理信息和获取资源，而企业发起竞争行动正是建立在这些条件的基础之上的，因此，董事会人力资本水平越高，企业越倾向于发起竞争行动。

②董事会人力资本对竞争重要性的影响

当提议采取某种竞争行动时，董事会本身就变成了一种重要的资源投入。董事会依赖成员的专业知识、技能、任职经验等告知管理层

[1] Offstein E H, Gnyawali D R, Cobb A T. A Strategic Human Resource Perspective of Firm Competitive Behavior[J]. Human Resource Management Review, 2005,15(4):305–318.

[2] Smith K G, Grimm C, Gannon M, Chen M. Organizational Information–processing, Competitive Responses and Performance in the U.S. Domestic Airline Industry [J]. Academy of Management Journal, 1991,34(1): 60– 85.

[3] Klein G A. Sources of Power: How People Make Decisions[M]. Cambridge, MA: MIT Press,1999.

[4] Arrow K J. Higher Education as a Filter[J]. Journal of Public Economics, 1973, 2(3), 193–216.

什么是行业最佳实践，帮助管理层更好地把握行业发展机会和趋势[1]。拥有高水平人力资本的董事会通过这种资源投入把他们的人力资本转化为管理层的能力，帮助管理层更好地规划和实施重要的战略行动，从而帮助企业获得商业成功。重要的战略行动需要投入大量的资源，还要获得外部利益相关者的广泛认同。拥有高水平人力资本的董事会向外界传递了一个信号，即他们的战略行动是合法的、精密规划的并且能够很好落实的，从而帮助企业获取财物资源和顾客忠诚，获得相关管制机构的认同。总而言之，拥有高水平人力资本的董事会有利于企业获取财物和其他关键资源，并赢得广泛的外界支持，而对企业而言，资源和外界支持对于发起重要的竞争行动而言都是十分必要的，因此，一个企业董事会的人力资本水平越高，企业越有可能发起重要的竞争行动。

③董事会社会资本对竞争复杂性的影响

这里的社会资本包括董事会的外部社会资本和董事会与管理层之间形成的内部社会资本。一方面，董事会的外部社会资本有助于企业发起复杂的竞争行动。因为相对于管理层，大多数董事会成员的时间都花在企业外部，他们通过与行业内其他角色打交道，对竞争环境中的各方力量（包括供应商的讨价还价能力、购买者的讨价还价能力、新进入者的威胁、替代品的威胁、行业内现有竞争者的竞争）及宏观环境中的机会和威胁有着更好的把握[2]，他们将相关信息传递给管理层，提高了管理层的信息处理能力与环境扫描能力，从而增强了企业的总体信息处理能力，而这种能力对于企业发起复杂的竞争行动至关重要[3]。另一方面，董事会与管理层之间形成的内部社会资本也会影响

[1] Carpenter M A, Westphal J D. The Strategic Context of External Network Ties: Examining the Impact of Director Appointments on Board Involvement in Strategic Decision Making[J]. Academy of Management Journal, 2001, 44(4): 639-660.

[2] Lorsch J W. Pawns or Potentates? The Reality of America's Corporate Boards[M]. Boston: Harvard Business School Press,1989.

[3] Smith K G, Grimm C,Gannon M,Chen M.Organizational Information-processing, Competitive Responses and Performance in the U.S. Domestic Airline Industry [J]. Academy of Management Journal, 1991,34(1): 60-85.

企业竞争行动的复杂性。因为复杂的竞争行动需要董事会和管理层之间密切配合，尤其需要董事会为管理层提供建议、指导和咨询，如果两者之间的关系密切，那么就容易集思广益，策划出较为复杂、缜密的竞争行动，否则由于彼此不能充分信任，管理层很可能不会接受董事会的建议和指导，这将不利于企业发起复杂的竞争行动[1]。因此，董事会社会资本水平越高，企业越有可能发起复杂的竞争行动。

（3）董事会资本对企业创新的影响

企业创新需要掌握丰富知识和技能的人才，也需要相应的资源投入。董事会作为推动企业创新的主要力量，其拥有的人力资本和社会资本都会对企业创新产生影响。

①董事会人力资本对企业创新的影响

学者们往往使用知识和技能的多样化及受教育程度作为指标研究一个团队的人力资本对组织创新的影响。一般而言，董事会成员知识和技能的多样化有助于促进企业创新[2]。George & Zhou（2001）认为创新行为应该包括新想法的发现、产生及解决方案的提出和实施等，而对机会的认知和发现是产生新想法的必然途径[3]。董事会成员知识和技能的多样化有助于团队成员更好地识别、提取和综合不同的观点，提高他们认知和发现新机会的可能性，从而产生高质量的创新决策。相反，知识和技能趋向同质化的董事会往往视野狭窄，思想保守，不善于认知和发现新机会，从而不利于企业的创新[4]。类似的，大多数学者都认为董事会成员的整体受教育水平越高，越有利于企业创新。因为教育是获取、使用和掌握知识的工具，具有较高教育水平的董事会成员能够利用他们的知识做出高质量的创新决策，帮助组织取得创造性

[1] Offstein E H, Gnyawali D R, Cobb A T. A Strategic Human Resource Perspective of Firm Competitive Behavior[J]. Human Resource Management Review, 2005,15(4):305-318.

[2] Davidsson P, Honig B L.The Role of Social and Human Capital among Nascent Entrepreneurs[J]. Journal of Business Venturing, 2003, 18(3): 301-331.

[3] Zhou J, George J M. When Job Dissatisfaction Leads to Creativity: Encouraging the Expression of Voice[J]. Academy of Management Journal, 2001,44(4): 682-696.

[4] Prahalad C K, Bettis R A. The Dominant Logic：A New Linkage between Diversity and Performance[J]. Strategic Management Journal, 1986, 7(6)：485-501.

的突破[1]。

然而，虽然我们能够找到充分的理由支持董事会的异质性对于企业创新而言是很重要的观点，但是还是有一些学者持截然相反的看法。例如，Jackson等（1995）提出董事会成员知识和技能的多样化往往会导致他们观点的多样化，而多种观点可能会相互干扰，造成一些团队过程问题，比如沟通不畅、组织效率低下[2]。董事会的教育水平也可能并不总是正向作用于企业创新。Bantel & Jackson（1989）研究发现董事会的教育水平对企业创新的影响并不显著[3]。另外还有一些学者甚至研究发现董事会的教育水平与企业创新负相关[4]。Pitcher & Smith（2001）认为出现分歧的结果既有理论上的原因也有方法上的原因，而最重要的原因在于样本选择和组织环境的差异。例如，在简单和相对稳定的组织环境中，往往很难发现董事会的教育水平与企业创新正相关，因为这样背景的组织不太需要高水平知识。

②董事会社会资本对企业创新的影响

有关董事会社会资本对企业创新的影响的研究还没有取得一致结论。一方面，一些学者认为董事会社会资本在一定程度上有利于企业创新[5]。董事会社会资本赖以形成的基础——关系资源，可以帮助企业解决创新过程中遇到的困难，同时能够为企业提供各种有利于创新发展的资源，包括互补性技术、进入新市场或利用新技术的合法性，以及获取有关他人已经获得的创新成果的信息，从而促进企业获取和维

[1] Gradstein M, Justman M. Human Capital, Social Capital, and Public Schooling[J]. European Economic Review, 2000,44(6):879-891.

[2] Jackson P B, Thoits P A, Taylor H F. Composition of the Workplace and Psychological Wellbeing: the Effects of Tokenism on America's Black Elite. [J]. Social Forces ,1995, 74(2): 543-557.

[3] Bantel K A, Jackson S E. Does the Composition of the Top Team Make a Difference? [J]. Strategic Management Journal, 1989,10:107-124.

[4] Pitcher P, Smith A D. Top Management Team Heterogeneity: Personality, Power, and Proxies[J]. Organization Science, 2001,12(1):1-18.

[5] Cohen W, Levinthal D. Absorptive Capacity: A New Perspective on Learning and Innovation[J]. Administrative science quarterly, 1990, 35(1):128-152.

持竞争优势[1]。

另一方面，还有一些学者的研究表明，至少在某种程度上，董事会社会资本可能会成为企业创新的障碍[2]。例如，董事会成员之间的强关系使董事会形成高凝聚力，从而使董事会成员的思维高度倾向于寻求一致，导致容易出现为保持意见一致，使不同意见和评论受到压制的群体思维，阻碍创新思维的产生。此外，董事会成员之间的强关系还会限制董事会的灵活性，不利于董事会对新出现的机会（如创新机会）做出积极响应。Dakhli & De Clercq（2004）认为董事会社会资本的重要基础——基于关系的信任，可能与创新负相关，因为关系是把“双刃剑”，带来资源的同时也可能会使组织形成对其他角色的依赖，从而受制于他人[3]。例如，企业凭借董事会成员的连锁董事身份与其他企业形成技术创新联盟，这种联盟关系便于企业实现资源共享，但也增加了企业之间的依赖，一旦关系破裂，可能导致冲突、机会主义和产权争夺，甚至技术创新联盟瓦解，从而阻碍企业创新发展[4]。

第二节　企业绩效相关研究

企业绩效是指一定经营期间的企业经营效益和经营者业绩。企业经营效益水平主要表现在盈利能力、资产运营水平、偿债能力和后续发展能力等方面。经营者业绩主要通过经营者在经营管理企业的过程中在企业经营、成长、发展上所取得的成果和所做出的贡献来体现。关于企业绩效，目前的研究主要集中在影响企业绩效的因素、企业绩

[1] Biemans W. User and Third-party Involvement in Developing Medical Equipment Innovations[J]. Technovation ,1991,11(3):163-182.

[2] Florida R, Cushing R, Gates G. When Social Capital Stifles Innovation[J]. Harvard Business Review ,2002, 80:20.

[3] Dakhli M, De Clercq D. Human Capital, Social Capital, and Innovation:A Multi-country Study[J]. Entrepreneurship & Regional Development: An International Journal ,2004, 16(2):107-128.

[4] Baum J, Calabrese T, Silverman B. Don't Go it alone：Alliance Network Composition and Start-ups Performance in Canadian Biotechnology[J]. Strategic Management Journal, 2000, 21(3): 267-294.

效的评价等方面。鉴于本研究的主题，影响企业绩效的因素主要考虑与董事会相关的影响因素。

一、影响企业绩效的董事会因素

影响企业绩效的董事会因素主要包括结构因素、行为因素和能力因素。

（一）董事会结构对企业绩效的影响

董事会结构对企业绩效的影响并非线性的。谭庆美等（2011）基于中小企业板2004—2009年的数据，研究发现，中小上市企业的董事会结构、股权结构与绩效之间不存在显著的内生性特征。董事会规模对总资产收益率无显著影响，但对Tobin-Q具有负向影响。CEO与董事长两职合一对总资产收益率和Tobin-Q分别具有正向影响和负向影响。董事会独立性对Tobin-Q无显著影响，但对总资产收益率具有负向影响，表明在中小上市企业中，独立董事并未起到预期的监督作用[1]。这与美国公司的情况较为相似。美国上市公司的独立董事的比例很大，但没有证据证明董事会的独立性对企业收益率具有积极影响。相反，一些研究表明，独立董事占绝对多数的企业，盈利能力反而较弱。这意味着，无论是中国还是美国，独立董事的作用都有待进一步加强[2]。事实上，同一公司的不同阶段，董事会结构对企业绩效的影响也会有所不同。李秉祥等（2017）认为创业板上市公司在不同的成长阶段，董事会结构对企业绩效的影响是不同的，在公司成长期，董事会人数、独立董事比例与企业绩效负相关，总经理与董事长两职合一与企业绩效正相关；而在成熟期，董事会人数、独立董事比例与企业绩效正相关，总经理、董事长两职合一与企业绩效负相关。因此，公司应在成长的不同阶段对董事会结构进行动态调整[3]。国有企业的董事会具

[1]　谭庆美, 何娟, 马娇. 董事会结构、股权结构与中小企业绩效[J]. 广东金融学院学报, 2011(3): 16–33.

[2]　余明桂, 夏新平, 章卫东. 董事会结构与企业绩效关系的研究综述及启示[J].当代财经, 2003(9): 68–71.

[3]　李秉祥, 李曼娜, 李明敏. 从生命周期视角检验创业板上市公司董事会结构与企业绩效的关系[J]. 财会月刊, 2017(6): 36–40.

有特殊性，具有行政权与经济权“二元”并存的治理结构。谢在阳等（2017）基于中国A股国有上市公司的数据，研究发现，国有企业董事会存在政府干预多、独立董事不独立等问题，经济型董事与企业绩效存在正“U”型关系，行政型董事对企业绩效具有显著的负效应。相比而言，经济型内部董事与独立董事对企业绩效具有更为显著的影响[1]。

多元化公司治理，尤其是企业董事会性别构成多元化对企业绩效的影响，成为国际社会关注的研究热点。女性董事会成员对公司绩效增长有积极作用，公司所处市场竞争程度越强，这种积极作用越显著。但没有证据证明董事会中女性成员比例对公司绩效稳定性具有显著影响[2]。

越来越多的上市公司设立战略委员会，但战略委员会的设立并不能促进企业绩效的改善。这表明，目前中国上市公司战略委员会仅仅为了应对证监会的规定，属于“消极合规”，在企业制定战略决策和重大投资决策中并没有发挥应有的作用[3]。

（二）董事会行为对企业绩效的影响

董事会行为对企业绩效的影响主要集中在董事会会议的影响方面。精简会议活动、提高会议实效已经成为全社会倡导的行为。周泽将（2014）基于2001—2011年间的国有上市公司的数据，检验了董事会会议如何影响过度投资行为和企业绩效。结果显示，董事会会议频率越高，过度投资的概率越大，国有上市公司的经营绩效越低。该研究有助于揭示中国国有企业的董事会运行效率，也为关于改进会风的中央规定提供了证据支持[4]。段海艳（2016）基于我国上市公司2011—

[1] 谢在阳, 林润辉, 曲亮. 董事会二元权力结构、网络位置与企业绩效——基于国有企业的实证研究[J]. 证券市场导报, 2017(9)：19-25+40.

[2] 张琨, 杨丹. 董事会性别结构、市场环境与企业绩效[J]. 南京大学学报(哲学・人文科学・社会科学版), 2013(5)：42-52.

[3] 周建等. 董事会战略委员会与企业绩效的相关性研究[J].山西财经大学学报, 2008(8)：62-69.

[4] 周泽将. 董事会会议、过度投资与企业绩效——基于国有上市公司2001—2011年的经验证据[J]. 经济管理, 2014(1)：88-100.

2013年董事会会议的数据，从制约和激励两个方面研究了独立董事缺席董事会会议的原因，以及缺席独立董事的存在如何影响企业绩效。研究结果表明：对于独立董事来说，董事会会议越频繁，缺席董事会会议的概率越大；从所任职公司取得的酬劳越高，缺席董事会会议的概率越小；担任的董事席位的声誉越高，缺席董事会会议的概率越小。是否异地任职并不显著影响独立董事出席次数。研究发现，独立董事缺席董事会会议对企业绩效没有显著影响[1]。

董事会的诚信行为也会影响企业绩效。汪延明和周怡（2015）基于董事会的社会属性，将诚信行为引入董事会治理中，以176家企业为样本进行研究，发现董事会诚信治理与企业绩效显著正相关[2]。

（三）董事会能力对企业绩效的影响

董事会资本是董事会能力的主要体现，董事会能力对企业绩效的影响主要表现为董事会资本对企业绩效的影响。陈悦等（2012）基于资源依赖理论，采用2013年沪深300指数内的上市公司的数据，研究结果表明：董事会人力资本和董事会社会资本对企业绩效的影响相似；女性董事比例、银行从业人员比例、连锁董事比例、政治关联等的增加，都能有效地促进企业绩效的提升[3]。邵毅平和王引晟（2015）基于2011—2013年我国创业板上市公司的数据，研究董事会资本、R & D投资与企业绩效之间的关系，结果显示，董事会资本对R & D投资、企业绩效有显著的促进作用。不同程度的董事会资本导致R & D投资强度不同，进而形成了不同的创新结果，并最终影响企业绩效，因此R & D投资对董事会资本与企业绩效的关系具有中介作用[4]。严子淳等（2016）以2011—2013年我国410个上市公司为研究样本，研究发现董事会成员

[1] 段海艳．独立董事缺席董事会会议的成因及其对企业绩效的影响[J].财会月刊，2016(15)：8-14.

[2] 汪延明, 周怡. 董事会诚信治理与企业绩效研究[J].财会通讯, 2015(24)：53-57.

[3] 陈悦, 朱晓宇, 刘则渊.董事会资本与企业绩效关系的实证研究[J]. 大连理工大学学报(社会科学版)，2015(4)：23-29.

[4] 邵毅平, 王引晟. 董事会资本与企业绩效的实证研究——基于R & D投资的中介效应视角[J]. 财经论丛, 2015(6)：66-74.

高学历和高职称对公司业绩有积极作用，但在不同所有权性质及盈利能力的企业中影响的显著程度不同[1]。

二、企业绩效的评价

在激烈的市场竞争中，企业都在致力于提高绩效，如何对企业绩效进行有效评价，是一个重要的问题。全面、客观的绩效评价，有助于正确衡量企业既定目标的实现程度，评估企业的真正价值，判断企业各项活动的有效性，实现资源的优化配置，并最终实现企业的可持续健康发展。

2002年，财政部、国家经济贸易委员会（简称“经贸委”）、中央企业工委、劳动保障部、国家计委联合发布了《企业绩效评价操作细则（修订）》（财统〔2002〕5号），规定企业绩效评价指标包括企业财务效益状况、资产营运状况、偿债能力状况和发展能力状况四个方面内容，含基本指标、修正指标和评议指标三个层次，共28项具体指标。具体内容如表2-2 所示。

《企业绩效评价操作细则（修订）》主要适用于除金融企业以外的一般正常生产经营的国有工商企业，包括交通运输及施工、房地产、旅游服务等企业及其他非国有企业。其中，基本指标、修正指标和评议指标三个层次具有递进修正、相互补充的关系。评价实行百分制，指标权数采取专家意见法——特尔菲法确定，计量指标（包括基本指标、修正指标）占80%的权重，非计量指标（评议指标）占20%的权重。这套企业绩效评价体系对于促进企业绩效评价行为的规范性、推动企业建立有效的激励机制和约束机制，以及加强监督管理都具有积极作用。但张玉琴（2014）认为该评价体系存在绩效评价目标相对滞后、财务与非财务评价指标结合不足、过于偏重财务评价指标、非财务评价指标涉及的范围过窄且不易量化、绩效评价主体过于单一等问题。她建议企业绩效评价体系的目标应面向循环经济、贯彻以人为

[1] 严子淳, 李国栋, 马程程. 经济新常态下董事会人力资本与企业绩效研究[J]. 现代管理科学, 2016(6)：115–117.

表2-2 企业绩效评价指标体系与指标权数表

评价内容	权数	基本指标		修正指标		评议指标	
		指标	权数	指标	权数	指标	权数
财务效益状况	38	净资产收益率 总资产报酬率	25 13	资本保值增长率 主营业务利润率 盈余现金保障倍数 成本费用利润率	12 8 8 10	经营者基本素质 产品市场占有能力（服务满意度） 基础管理水平 发展创新能力 经营发展战略 在岗员工素质 技术装备更新水平 综合社会贡献	18 16 12 14 12 10 10 8
资产营运状况	18	总资产周转率 流动资产周转率	9 9	存货周转率 应收账款周转率 不良资产比率	5 5 8		
偿债能力状况	20	资产负载率 已获利息倍率	12 8	现金流动负债比率 速动比率	10 10		
发展能力状况	24	销售增长率 资本积累率	12 12	3年资本平均增长率 3年销售平均增长率 技术投入比率	9 8 7		
合计	100		100		100		100

资料来源：财政部统计评价司

本的理念、纳入知识与智力资本等无形资产、注重财务指标与非财务指标的平衡、使非财务指标尽可能量化、增设反映企业信誉和客户评价的非财务指标、实现评价主体的多元化和社会化、使企业绩效评价能够满足利益相关者的要求[1]。

[1] 张玉琴.关于企业绩效评价体系的思考[J].财经问题研究，2014(11)：107-111.

2006年，国务院国有资产监督管理委员会发布了《关于印发<中央企业综合绩效评价实施细则>的通知》（国资发评价〔2006〕157号），规定企业综合绩效评价指标体系由22个财务绩效定量评价指标和8个管理绩效定性评价指标组成（表2–3）。

表2–3 企业综合绩效评价指标及权重表

评价内容与权数		财务绩效(70%)				管理绩效(30%)	
		基本指标	权数	修正指标	权数	评议指标	权数
盈利能力状况	34	净资产收益率	20	销售(营业)利润率	10		
				盈余现金保障倍数	9		
		总资产报酬率	14	成本费用利润率	8		
				资本收益率	7		
资产质量状况	22	总资产周转率	10	不良资产比率	9	战略管理	18
				流动资产周转率	7	发展创新	15
		应收账款周转率	12	资产现金回收率	6	经营决策	16
债务风险状况	22	资产负债率	12	速动比率	6	风险控制	13
				现金流动负债比率	6	基础管理	14
		已获利息倍数	10	带息负债比率	5	人力资源	8
				或有负债比率	5	行业影响	8
经营增长状况	22	销售（营业）增长率	12	销售（营业）利润增长率	10	社会贡献	8
		资本保值增值率	10	总资产增长率	7		
				技术投入比率	5		

资料来源：国务院国有资产监督管理委员会.关于印发中央企业综合绩效评价实施细则的通知[EB/OL].[2006.9.12]. http://www.gov.cn/gzdt/2006-10/27/content_425677.htm .

财务绩效定量评价指标由反映企业盈利能力状况、资产质量状况、债务风险状况和经营增长状况等四个方面的8个基本指标和14个修正指标构成，用于综合评价企业财务会计报表所反映的经营绩效状况；管理绩效定性评价指标包括战略管理、发展创新、经营决策、风险控制、基础管理、人力资源、行业影响、社会贡献等8个方面的指标，主要反映企业在一定经营期间所采取的各项管理措施及其管理成效。企业综合绩效评价指标权重实行百分制，指标权重依据评价指标的重要性和各指标的引导功能，通过征求咨询专家意见和组织必要的测试进行确定。财务绩效定量评价指标权重确定为70%，管理绩效定性评价指标权重确定为30%。计分方法采取功效系数法和综合分析判断法，其中功效系数法用于财务绩效定量评价指标的计分，综合分析判断法用于管理绩效定性评价指标的计分。

虽然上述文件都规定企业绩效的评价应由财务指标和非财务指标构成，但由于非财务指标在现实中难以度量，因此，在实证研究中，大部分学者都使用财务指标来测度企业绩效。陈树文和刘念贫以每股收益（EPS）、净资产收益率（ROE）作为绩效评价指标[1]。高雷等（2006）[2]、吴建祖和肖书锋（2015）[3]、张琴（2018）[4]使用Tobin-Q来代表企业绩效。谢获宝和张骏飞（2007）[5]使用盈利能力指标[净资产收益率（主营业务利润作为分子）、净资产收益率（营业利润作为分子）、净资产收益率（净利润作为分子）]、增长能力衡量指标（净资产增长率、总资产增长率、主营收入增长率）、偿债能力衡量指标（现金流动负债比率、股东权益比率）、经营效率衡量指标（应收账款、周转率、存货周转率、固定资产周转率、总资产周转率）、现金能力衡量指标（经营活动现金流净额、投资活动现金流净额）、市场期望衡量指标（市净率）来综合测度企业绩效。朱焱和张孟昌（2013）[6]、李卫宁和张祎宁（2014）[7]以总资产收益率（ROA）作为

[1] 陈树文, 刘念贫. 上市高新技术企业高管人员持股 与企业绩效关系实证分析[J]. 科学学与科学技术管理, 2006(2)：137-143.

[2] 高雷, 宋顺林, 何少华.管理者报酬与企业绩效实证分析[J]. 统计与决策, 2006(3)：154-156.

[3] 吴建祖, 肖书锋. 研发投入跳跃对企业绩效影响的实证研究——双元性创新注意力的中介作用[J]. 科学学研究 ,2015(10)：1538-1546.

[4] 张琴.技术背景 CEO、 技术创新与企业绩效——基于民营高科技企业的实证分析[J]. 经济问题, 2018(5)：82-87.

[5] 谢获宝, 张骏飞.业务集中度与企业绩效关系的实证研究[J]. 中国工业经济, 2007(9)：87-95.

[6] 朱焱, 张孟昌. 企业管理团队人力资本、研发投入与企业绩效的实证研究[J]. 会计研究, 2013(11)：45-52.

[7] 李卫宁, 张祎宁. 新任CEO特征、管理团队调整与企业绩效 ——基于ST上市公司的数据实证[J]. 中国管理科学, 2014(8)：47-55.

企业短期业绩评价指标，以Tobin–Q作为企业长期业绩评价指标。谭宏（2018）使用净资产收益率（ROE）来测度企业绩效。本研究主要考察董事会资本对企业长期绩效的影响，因此，选取代表企业长期绩效评价指标的Tobin–Q作为企业绩效的代理变量。

第三节 综合研究述评

学术文献证实了董事会战略角色从消极观到积极观的转变，这种转变被定性和定量的相关研究所支持。从上述对董事会的研究可以看出，一个有效的董事会应该兼顾控制、服务和战略角色。单纯强调某一种角色可能并不利于增进企业价值，因为这有可能伤及董事会战略角色的发挥。那么董事会战略角色背后的支撑因素是什么？或者说，什么因素在支撑董事会的战略决策能力？

如果承认董事会是企业发展的内生性产物，那么不同企业的董事会安排将会产生不同的效果。实际上，前述对董事会的研究回顾恰恰描述了董事会的能力因素，通过董事具有的知识、技能和经验为企业提供异质性资源；通过董事的背景帮助企业构建关系网络，以便获取重要的外部资源，增加企业价值。人们对董事会战略角色背后支撑因素的关注度日益增长，“黑箱”逐步呈现被打开的趋势。以知识、技能、经验和社会关系为表现形式的董事会资本开始受到理论界和学术界的重视，董事会资本的各种经济效果也开始引起学者们的关注。

然而，所有这些理论研究都没有真正地涉及董事会资本对企业战略的作用机制，尤其是关于董事会资本的不同类别影响董事会战略角色的具体特征、作用机制和经济后果是什么，鲜有学者围绕该主题开展研究。

随着中国实行改革开放和现代企业制度建设，董事会的资本特征成为具有新意义的一种组织形式，尤其在1992年之后，《公司法》的实施和深圳证券交易所、上海证券交易所的建立，使得企业通过董事会能力和对外部关键资源的获取来提高董事会的控制、服务和战略职能的有效性成为可能。制度转型过程中治理环境的不确定性也同时塑造了董事会资本的差异性特征，以及董事会资本的具体作用机制。在中国转型经济情境下，董事会资本的作用机理是否会受到制度情景因素影响，如地区经济发展水平差异、产权保护水平、政府干预水平等经济和社会制度因素是否会影响董事会资本的作用发挥？西方有关董事资本治理有效性及其与企业治理行为和战略绩效关系的研究提供了大量有意义的实证发现，这对我们研究转型经济条件下中国上市公司董事会资本作用机制具有一定的借鉴意义。然而，已有研究仍存在一定的不足。本研究致力于以下三个方面的努力，试图弥补以往研究的缺陷。

一、综合多种理论视角研究董事会的战略角色

已有的研究要么从代理理论的视角研究董事会的控制角色与企业战略的关系，要么从资源依赖的视角研究董事会的服务角色与企业战略的关系，还有学者将董事会资本本身作为一种异质性资源，从资源基础观的视角，研究董事会资本如何成为企业竞争优势的来源。将董事会职能割裂开来进行研究既不全面，也不科学，难以从总体上反映董事会的战略治理效应。本研究将综合运用代理理论、资源依赖理论和资源基础观，研究董事会资本如何在企业战略中发挥作用。需要说明的是，本研究并非仅强调董事会的战略角色，而忽略董事会的控制角色与服务角色，而是将董事会的这三种角色充分融合，将董事会的控制角色与服务角色作为董事会有效履行战略职能的重要条件。

二、重视中国情境下的董事会资本研究

第一，已有关于中国企业董事会的研究，更多的是关注董事会结构和人口统计特征与企业战略的关系。尽管这些研究提供了有价值的发现，但它们并不能揭示董事会影响企业战略绩效的内在规律。尽管已有少数研究证明了董事会的专业能力、政治关系和社会关系网络的

重要性，但这些研究还不能明确地告诉我们董事会资本与董事会的战略角色之间蕴含着怎样的治理行为作用结果，即董事会的人力资本和社会资本如何影响企业战略治理从而为企业创造价值尚不明确。为深入理解董事会资本的治理效应，探索董事会资本与董事会战略角色、企业战略绩效之间的作用机理非常重要。

第二，已有关于董事会资本的研究，主要是针对西方发达国家。而在中国这样的转型经济国家，关于董事会资本与公司治理有效性及企业战略绩效的关系问题，还存在着很大的研究空间。在西方经济发达国家，公司治理环境相对完善，产品市场机制发挥的作用也更大。而像中国这样的转型经济国家，制度环境与西方国家有较大差异。与之相比，中国独具的经济和文化制度对董事会资本在企业战略中的治理效应会产生怎样的影响，中国企业董事会资本与企业绩效之间的关系呈现出怎样的特点，重新考察董事会资本的作用机制，能够帮助我们理解转型情境下董事会资本的治理有效性特征。

三、从董事会资本角度拓展企业绩效研究

就中国企业绩效而言，目前的研究多集中在企业绩效的影响因素、企业绩效的测度等方面。对于企业绩效的主要影响因素，虽然也有学者从董事会资本的角度开展研究，但实际内容主要侧重董事会人口统计特征与企业绩效的关系，研究较为分散，研究结果也没有足够的说服力。不过，从有关企业资源和企业绩效的研究来看，越来越多的学者注意到无形资源对企业绩效的影响，尤其是企业的人力资本和社会资本可能成为竞争优势的来源，这为本研究从资源基础观视角分析董事会人力资本与社会资本对企业绩效的作用机制提供了依据；从有关企业外部环境与企业绩效的研究来看，有利的经营环境和制度环境有助于提高企业绩效，而企业可以通过影响环境，降低企业对环境的依赖、面临的不确定性和交易成本，推动企业进一步发展，这为本研究从资源依赖角度分析董事会资本对企业绩效的作用机制提供了基础。

总之，随着中国经济改革的不断深入和现代企业制度的不断完善，董事会资本研究对于解决中国企业在新情境下的公司治理问题具有十分重要的理论和现实意义。但目前的研究并未回答中国企业的董事会资本如何在企业绩效中发挥作用的问题。为此，本研究将综合运用资源基础观、资源依赖理论和代理理论，采用规范分析与实证分析相结合的方法，以体育类上市公司为样本，研究中国情境下董事会资本如何影响企业绩效，以期为中国体育类企业董事会建设提供参考。

第三章 理论分析与研究模型

第二章对有关董事会资本和企业绩效的研究文献进行了较为系统的梳理和评述，铺垫了本研究的理论依据与知识积累，并进一步明确了本研究要探索的科学研究问题。在此基础上，本章从界定核心概念出发，依据资源依赖理论、资源基础观和代理理论，构建了本研究的理论模型，旨在为探寻科学的研究结论奠定扎实的基础。

第一节 相关概念的界定

董事会依据其人力资本和社会资本进行战略决策的过程是一个非常复杂的过程，很多内部和外部因素都会作用于这个决策过程，从而影响企业绩效。尽管研究所依据的理论视角不同，会导致对相关要素之间的作用关系产生不同的认识，但对相关概念进行明确的界定是重要的基础性工作。因此，本节将对研究涉及的主要概念的理论内涵进行阐述，这不仅能为理论模型的构建打下基础，还可为变量的测度提供理论依据。

一、董事会资本

Hillman & Dalziel（2003）基于资源依赖理论提出了董事会资本的概念，他们认为董事会资本由董事会人力资本和董事会社会资本构成[1]，可用于衡量董事会为企业提供资源的能力。其中，董事会人力资本是指董事会成员共同带给董事会的知识、技能和经验的组合；董事会社会资本是指包括董事会成员所拥有的企业内外部关系及由这些关系所带来的潜在资源的组合。

根据边界和功能的不同，董事会社会资本可以进一步划分为内部社会资本和外部社会资本。内部社会资本是指董事会成员之间以及董事会与管理层之间所建立起来的社会资本，而外部社会资本则是指董事会成员由于在行业内担任某种职务，与行业内其他角色（包括供应商、分销商和主要客户等）建立起来的良好关系所形成的社会资本。这两种不同类型的社会资本具有不同的特点，能够为董事会提供不同类型的资源[2]。

Haynes & Hillman（2010）从董事会资源提供的职能出发，将董事会的人力资本和社会资本的相关因素分离出来，然后上升到董事会整体层面对这些因素进行归纳。他们认为，董事会资本有其广度和深度：董事会资本广度涉及董事会成员在受教育、任职背景、职业、年龄和任期等方面的异质性，以及通过连锁董事身份或在其他行业任职形成的行业关系的异质性；而董事会资本深度是指董事会成员通过连锁董事身份、行业内任职和职业经验涉入企业所在行业的深度[3]。

Tian 等（2011）认为董事会存在能力上的差异，这种差异表现为人力资本和社会资本的不同，即董事会资本问题[4]，他们沿用了Hillman & Dalziel（2003）对董事会资本内涵的界定方法，即将董事会资本分为董事会人力资本和董事会社会资本，并借鉴Kim & Cannella（2008）的做法，将董事会社会资本分为内部社会资本和外部社会

[1] Hillman A J, Dalziel T. Boards of Directors and Firm Performance：Integrating Agency and Resource Dependence Perspectives[J]. Academy of Management Review, 2003, 28(3)：383-396.

[2] KiM Y, Cannella A. Toward a Social Capital Theory of Director Selection[J]. Corporate Governance：An International Review, 2008, 16(4)：282-293.

[3] Haynes K T, Hillman A. The Effect of Board Capital and CEO Power on Strategic Change[J]. Strategic Management Journal, 2010, 31(11): 1145-1163.

[4] Tian J, Haleblian J, Rajagopalan N. The Effects of Board Human and Social Capital on Investor Reactions to New CEO Selection [J]. Strategic Management Journal, 2011, 32(7): 731-747.

资本[1]。Dalziel 等（2011）在研究董事对企业研发投入的影响时，虽然使用了“董事会关系资本”的说法[2]，但其内涵与Hillman & Dalziel（2003）提出的“董事会社会资本”是一致的。

可见，Hillman & Dalziel（2003）提出的“董事会资本”的概念，基本上得到了学者们的认可和应用。因此，本研究继续沿用其对董事会资本概念的界定。

二、企业绩效

企业绩效是指一定经营期间的企业经营效益和经营者业绩。企业经营效益水平主要包括盈利能力、偿债能力、资产运营水平和持续发展能力等方面。经营者业绩主要是指经营者在经营管理企业的过程中对企业成长、发展所做出的贡献[3]。本研究所指的企业绩效主要是指企业经营效益。根据本研究第二章第二节的分析，使用Tobin-Q来衡量。

三、董事会有效性

Forbes & Milliken（1999）提出了董事会有效性的两个评价标准：一是董事会的任务绩效，即董事会有效履行其职能的能力；二是董事会作为一个团队持续工作的能力，又称为董事会黏性[4]。Cohen & Bailey（1997）曾经将这两个标准分别称为“任务”标准和“维持”标准[5]。这两个标准均强调董事会层面的绩效而非企业层面的绩效，但是两者都有助于提高企业绩效。董事会任务绩效直接影响企业绩效，而董事

[1] KiM Y, Cannella A. Toward a Social Capital Theory of Director Selection[J]. Corporate Governance：An International Review, 2008, 16(4)：282-293.

[2] Dalziel T, Gentry R J, Bowerman M. An Integrated Agency-Resource Dependence View of the Influence of Directors' Human and Relational Capital on Firms’ R & D Spending[J]. Journal of Management Studies, 2011, 48 (6):1217-1242.

[3] 周国光，李祥义，王楠，俸芳. 财务管理学[M].西安: 西北大学出版社,2001.

[4] Forbes D P, Milliken F J. Cognition and Corporate Governance: Understanding Boards of Directors as Strategic Decision-making Groups [J]. Academy of Management Review, 1999, 24(3):489-505.

[5] Cohen S, Bailey D. What Makes Teams Work: Group Effectiveness Research from the Shop Floor to the Executive suite[J]. Journal of Management, 1997, 23: 239-290.

会黏性通过影响现在和未来的董事会任务绩效水平，从而间接地影响企业绩效。

由于本研究始终将董事会视为一个团队，其“黏性”已是本研究的应有之义。因此，我们所研究的董事会有效性主要是指董事会的任务绩效，即董事会有效履行其控制职能、战略职能和服务职能的能力。

四、董事会激励

董事会激励是指通过董事会的独立性、薪酬激励、权益激励和控制权激励等激励机制督促董事会履行勤勉义务和忠实义务的一种制度设计[1]。对于董事会独立性，主要是考察外部董事的比例对董事会的决策和监督能力的影响；对于薪酬激励，主要是考察薪酬水平对董事监督管理层及提供战略咨询的主动性的影响；对于权益激励，主要是考察董事会所有权的增加是否有利于激励董事主动利用自身人力资本与社会资本，有效监督管理层与提供资源，维护股东的利益；对于控制权激励，主要从董事长更替和两职合一两个方面加以考虑。

冉茂盛和周治凡（2010）突破了传统研究对董事会激励的分类，将激励形式分为两种内部激励（显性激励、隐性激励）和两种外部激励（产品市场压力、资本市场压力）。显性激励是指董事会预期在某一时限内可获得的实际补偿的总和，它是董事会所尽力去追求但不由董事会自身决定，从而诱导其能动性的一种激励方式，包括薪酬激励和权益激励两个方面。隐性激励主要是指难以量化的控制权收益激励，通常选取董事长与CEO两职合一代表隐性激励中的控制权收益激励。对于外部激励中的产品市场压力和资本市场压力，通常用企业主要产品的市场占有率和限售条件流通股份占总股本的比率来反映[2]。虽然他们对董事会激励的分类从名称上有所不同，但实际上仍与传统的

[1] 李维安．公司治理学[M]．北京：高等教育出版社，2005.

[2] 冉茂盛，周治凡．董事会激励对公司效率影响的随机前沿分析[J]．技术经济，2010(6)：82–86.

分类保持一致。

总体而言，主流的研究仍是从董事会的独立性、薪酬激励、权益激励和控制权激励等四个方面来界定董事会激励。由于独立性和董事长与CEO的两职性往往被作为衡量董事会独立性的替代变量，因此，我们对董事会激励的研究主要集中在董事会薪酬激励和权益激励两个方面。

五、CEO权力

根据代理理论，CEO往往是自利的、厌恶风险的，他们的目标常常与股东的目标相背离[1]。March（1966 ）认为权力是压制不一致的目标或意见的能力[2]，CEO权力是指CEO利用其所有权或者地位追求自己目标的潜在能力[3]。Finkelstein（1992）指出，CEO权力主要用于处理内外部不确定性，内部不确定性来自其他高管和董事会，外部不确定性主要来自企业的外部环境[4]。Daily & Johnson（1997）对CEO权力的来源进行了研究，他们认为CEO权力包括结构权力、所有权权力、声誉权力和专家权力[5]。李瑞（2004）研究了中国总经理的影响力，发现总经理的权力来自职位本身，具有一定的强制性、服从性和非常明显的独占性、指向性，是实现总经理影响力的前提条件[6]。

综合以上论述，结合研究目的，笔者认为，CEO权力是CEO利用其所有权或者地位处理内部不确定性，从而影响企业战略决策的能力。

[1] Jensen M, Meckling W. Theory of the Firm: Managerial Behavior, Agency Costs and Ownership Structure[J]. Journal of Financial Economic, 1976, 3(4): 305-360.

[2] March J G. The Power of Power, in Easton D. Varieties of Political Theory[J]. New Jersey: Prentice-Hall, 1966:39-70.

[3] Combs J G, Ketchen D J, Perryman A A, Donahue M S. The Moderating Effect of CEO Power on the Board Composition-firm Performance Relationship[J]. Journal of Management Studies, 2007, 44(8): 1229-1324.

[4] Finkelstein S. Power in Top Management Teams: Dimensions, Measurement, and Validation[J]. Academy of Management Journal, 1992 ,35(3):505-538.

[5] Daily C M, Johnson J L. Sources of CEO Power and Firm Financial Performance: A Longitudinal Assessment[J]. Journal of Management, 1997, 23(2): 97-117.

[6] 李瑞．中国总经理影响力研究及应用[D]．北京：清华大学, 2005：19-27.

第二节　董事会资本对企业绩效的作用机制

相比其他行业的企业，中国体育类企业的发展不过短短几十年，在近年利好政策的推动下，中国体育类企业呈现出如下特点：从强调规避风险转为注重发掘机会，从强调市场承诺转为注重关系承诺，从强调内部资源累积转为注重外部资源获取。这些趋势的出现对体育类企业的董事会治理提出了更高的要求。董事会资本有助于企业降低风险与成本、获取知识和机会、拓展营销渠道、获取外部资源、加强对管理层的监督，从而促进企业成长，提高体育类企业的绩效。

一、当前中国体育类企业的发展特点

（一）从强调规避风险转为注重发掘机会

在2007年金融危机之后，越来越多的中国企业开始重视风险管理。风险的来源有宏观环境层面的政治风险、政府政策风险、宏观经济风险、文化风险，行业环境层面的竞争风险、产品市场风险、原材料市场风险、行业技术风险，企业内部层面的经营决策风险、交易风险、筹资风险、投资风险、营运风险、社会责任风险和人力资源风险。

为了应对这些风险，很多企业都构建了风险管理体系，加强了风险管理措施，如在企业内设立风险管理部门，对投资额较大的项目实行集体决策；加强对管理层技术和法律知识的培训；强化对合作伙伴资信状况的审核力度，并密切关注合同的履行情况；深化对市场的了解，并寻求有关咨询机构的支持，做好预案；密切关注国内外有关政策及安全形势趋向；加强企业的安全防范措施和应急处理体系建设等。通过这些措施，中国企业的风险规避能力已经得到了增强，很多企业的注意力已经转移到挖掘战略性机会的方向上来。

体育类企业更是如此，原来囿于体制的束缚，一些体育类企业要

竭力规避各种政策风险，如举办赛事要层层审批，某个环节的疏忽就可能招致风险。《国务院关于加快发展体育产业促进体育消费的若干意见》（国发〔2014〕46号）文件指出："全面清理不利于体育产业发展的有关规定，取消不合理的行政审批事项，凡是法律法规没有明令禁入的领域，都要向社会开放。"越来越多的体育类企业发现，随着科技的飞速发展，环境的非均衡性为企业带来的战略性机会逐渐增加，市场上存在着大量的利基市场，抓住这些机会，就提高了企业成功的概率。相对于规避风险，挖掘市场机会在企业的发展过程中更为重要，因为通过把握各种市场机会带来的企业价值增加，可能远大于通过规避风险所降低的成本。

经过金融危机，大多数西方发达国家遭受重创，中国虽然也被波及，但是影响有限。中国企业在改革开放40年中积累了雄厚的资金和丰富的经验，当下应该是企业发展的大好机遇。尤其是对于体育类企业来说，面临着前所未有的利好政策环境。企业要想取得持续成功，就要持续地发现潜在的机会，并不断调整战略决策，使企业的行为能够更好地利用这些机会。董事会作为战略决策的主体，只有具备相应的人力资本和社会资本，才能帮助企业有效地挖掘和把握机会。

（二）从强调市场承诺转为注重关系承诺

在企业进入某个目标市场的前期，必须获得包括市场环境知识、文化习俗知识等在内的经验知识，以及缄默性更强的市场运作知识。企业通过投入一定的资源获取这些知识，这就是对市场的承诺。只有履行了这种承诺，企业才有可能在该市场开展业务。企业对某个市场的知识了解越多，就越可能将该市场选为自己的目标市场[1]。然而，随着环境的变迁，企业挖掘和利用自身价值增值更为重要，而大量的机会源自企业所拥有的关系网络[2]。因此，在选择目标市场时，企业更有

[1] 王国顺，郑准，杨昆．企业国际化理论的演进[M]．北京：人民出版社，2009.

[2] 林钟高，徐虹，李倩.内部控制、关系网络与企业价值[J]. 财经问题研究，2014(1)：88–96.

可能选择在关系资源丰富的市场开展运作。当今企业成长的主要特征之一，便是企业与其嵌入的关系网络的互动。因此，企业由市场承诺向关系承诺转变，成为当今企业行为的主要趋势[1]。

多数中国体育类企业都已基本实现市场承诺，逐渐嵌入市场的关系网络之中。企业必须对这些关系网络进行情感和经济上的投资，才能维持与巩固已经建立的关系，关系网络中信任的加深能够使企业发展进程更为顺利。建立与维持企业的关系网络成为目前中国体育类企业发展的关键任务，而这种任务的履行程度与作为战略决策主体的董事会的人力资本和社会资本密切相关。

（三）从强调内部资源累积转为注重外部资源获取

企业行为是由企业内部的物质资源和非物质资源，以及企业的管理能力决定的。企业内部的物质资源和非物质资源是企业成长的基础，企业的管理能力是企业成长的源动力。企业要实施战略决策必须具备足够的资源，并以此为基础履行市场承诺。而企业的资源，尤其是企业所需要的知识和经验需要一个长期的积累过程。特别是作为隐性知识的经验必须通过“干中学”来获得，这种知识是难以复制和转移的，也无法通过外部组织学习来获得。因此，在传统理论视角下，企业的成长是一个有序而缓慢的学习过程，所需要的资源必须通过企业长期积累和学习来获得，这决定了企业成长的渐进性特征。

然而，随着经济环境的变迁，很多企业在并不具备足够资源的情况下实现了快速发展，这种情况在体育类企业中尤其突出。一些新创体育服务类企业借助利好政策和外部资源实现了迅速发展。可见，企业的成长并非一定要经过企业内部资源的长期积累，在某种条件下，可以通过从外部获取资源，从而实现跨越式发展。特别是那些创新型企业更是如此，他们往往通过网络嵌入、特许经营等竞争优势的维持

[1] Meyer K E, Gelbuda M. Process Perspectives in International Business Research in CEE[J]. Management International Review, 2006, 46(2) : 143-164.

机制实现快速发展[1]。

对于实力较为雄厚、资源较为充足的中国体育类企业，丰富的资源和管理能力使他们在前期开拓市场时较为容易，但要获得可持续发展，仅靠自身的资源和能力是不够的，必须从外部获取资源，获得进一步发展；对于那些“先天不足”的中小企业，可以凭借一定条件控制关键资源，获得资源杠杆效应，而这种效应便是中小企业成功的关键。这里的杠杆既包括企业的独特知识和能力，也包括企业战略决策主体的能力和关系网络。董事会作为联系企业内外部环境的“桥梁”，其人力资本和社会资本在企业获取外部资源方面具有举足轻重的作用。

二、基于董事会资本的体育类企业绩效增长机制

企业绩效增长，是企业运用知识资源追求机会，实现企业价值创造的过程，是企业成长的结果。企业要获得成长，必须顺势而为。而要顺应市场发展的趋势，企业必须具备市场知识，把握战略性机会，拓展营销渠道，获取相应资源，处理复杂的信息，降低风险和成本，加强对相关主体行为的监督等，这些行为可被视为企业成长所必须付出的成本。

随着体制改革的进行、政策环境的变化、竞争的加剧，中国体育类企业面临前所未有的复杂性。非线性、不确定性的环境，给企业带来内外两方面的复杂因素。从组织内部看，组织之间的复杂性主要是源于组织中的个体之间以及环境之间的交互关系。根据混沌理论，在非线性的组织结构关系下，随着组织结构参数或环境组织条件的不同，组织会出现貌似随机的实则周期性的、稳定的混沌行为。在此过程中，无论哪个单位的行为变化都会导致其他单位行为随之调整，从而产生自组织临界值理论中所谓的“沙崩”效果。从组织外部看，组织为满足自身的发展需求，需要不断调整自己以适应外界环境的变

[1] Oviatt B M, McDougall P P. Challenges for Internationalization Process Theory. The Case of International New Ventures [J]. Management International Review, 1997, 37(2):85-99.

化。组织需要采取保护性措施抵御外部未知因素的扰动。保护性措施主要体现在三个方面：一是缩短生产周期，由于市场需求不断变化，缩短生产周期能够及时应对市场变化；二是满足客户多样化需求，互联网的快速发展大大改善了顾客信息不对称的状况，市场开始转为买方市场；三是及时调整组织形态，利好的政策环境使得大量资本涌入体育产业，体育企业面临的竞争加剧，唯有及时调整组织形态，才能尽可能快地适应竞争环境的复杂性[1]。

董事会作为公司内部治理机制担负着双重角色，既是股东的受托者或代理人，又是股东下放决策权给管理层的委托人。在企业战略决策过程中，董事会资本不同，董事会执行这两种角色的能力就不同，对于企业的绩效也会产生不同的影响。企业的复杂性对董事会提出了较高的要求。董事会资本成为企业的知识和机会获取机制、市场拓展机制、资源获取机制、信息处理机制、风险与成本降低机制及监督机制。

（一）知识和机会获取机制

企业要进行经营，必须具备所需的知识，包括客观知识与经验知识。客观知识可以以较低的成本获得，而经验知识具有战略价值性和缄默性。这些知识是企业拓展市场、履行市场承诺的关键动力。企业掌握这些知识的水平关系到企业进一步投入资源的意愿，以及目前的战略行动可能导致的结果，是影响企业绩效的关键因素。杨青和王玉（2015）基于2007—2013年中国信息技术业上市公司的数据，研究发现，知识资产的增加有利于企业的经济绩效的提高[2]。

不同的知识获取策略具有不同的作用[3]。基于董事会资本的企业知识获取主要通过两种途径作用于企业绩效。一方面，创造新的经营机

[1] 刘利, 袁页. 科技型小微企业组织复杂性特征探析[J]. 科技进步与对策, 2013(11)：89-93.

[2] 杨青, 王玉.知识资产与企业绩效：激励和监督机制的不对称性[J]. 财经论丛, 2015(9)：77-83.

[3] 曾德明, 曾雅兰, 邹思明. 知识获取策略对企业绩效的影响——知识基础的调节作用[J]. 科学学与科学技术管理, 2015(9)：31-39.

会。具有高水平人力资本的董事会往往具有丰富的经验知识，董事会利用这种知识帮助企业把握市场机会，并利用其通过社会资本构建起来的客户关系进入新的市场，从而能够先于竞争对手采取行动。另一方面，拓展企业的经营范围。具有丰富人力资本的董事会掌握多个市场的知识，具备同时驾驭多个市场的能力，并能够利用其社会资本的桥梁作用，构建企业在多个市场的合法性，迅速进入各个市场，拓展企业的经营范围。因此，董事会资本直接影响企业的市场机会获取能力和获取范围，从而影响企业的市场行为和绩效。

（二）市场拓展机制

企业选择与进入市场的主动性常常源于通过企业的网络关系创造的机会[1]。无论企业处于哪个阶段，拓展市场渠道都是十分重要的，这是达到企业绩效目标的基础。

董事会可以借助自身人力资本和社会资本，为企业获得和拓展市场渠道：在企业经营的起步阶段，企业的经营以本地市场为主，同时有意识地寻求向外发展的机会，往往会与行业内实力较强的企业进行合作，董事会利用自己的知识和技能，分辨哪些企业是最佳合作伙伴，并利用自身的关系网络和声誉，取得这些企业的认可与接纳；在企业积极介入市场的阶段，企业借助合作伙伴的渠道，提升自身的市场份额，董事会利用自身的关系网络，维持已经建立起来的经营渠道，并基于自身的知识和经验，做出相应的决策，投入资源以扩大企业的经营网络；在企业的成熟阶段，董事会凭借其人力资本和社会资本，做出科学决策，引导企业开展多种形式的投资，并在更大范围内建立研发、制造和销售网络。

（三）资源获取机制

企业要实现快速成长，一方面取决于企业如何有效利用其已有的特质资源，但更重要的是如何更有效地从外部获取并积累成长过程

[1] Coviello N, Munro H. Network Relationships and the Internationalization Process of Small Software Firms[J]. Journal of International Marketing, 1997, 7(4): 42–66.

中所必需的资源。董事会作为连接企业内外部环境的“桥梁”，其人力资本和社会资本为企业获取成长所必需的资源提供了非常必要的支持。企业在经营中逐渐嵌入经济分工网络中，董事会利用自己的人力资本和关系网络，建立信任和声誉，一方面可以直接获取资金、人才、技术等关键资源，提高企业在市场上的竞争力；另一方面可以获得相对完备的信息，识别和挖掘市场潜在的机会，与其他企业形成战略联盟等合作关系，获得企业成长所必需的资源。董事会资本就如同婴儿的脐带，源源不断地为企业的发展供应“养分”，从很大程度上弥补了企业自身固有的不足与缺陷。

（四）信息处理机制

伴随着企业成长而产生的竞争环境复杂性程度的提高，企业的信息处理的难度增加。一方面，企业需要整合产品市场、地理市场和其他市场以实现协同效应，需要协调总部和分部的各种关系；另一方面，客户、竞争对手的多样化增加了信息的容量、种类和分散程度。管理层是企业战略的主要执行者，他们不得不将注意力分散于不同的市场，亲自处理企业在竞争环境中所面临的复杂性信息，包括大量不同的甚至相互冲突的信息，这对管理层的信息处理能力提出了较大挑战。

董事会资本积极影响管理层的信息处理能力。因为拥有丰富人力资本和社会资本的董事会往往具有开阔的视野、广泛的知识，能够更准确地判断哪些信息对于企业的发展是重要的。此外，这样的董事会善于将现有事物的不同部分进行组合或者重新安排，并与管理层进行研究性的互动，在这个互动过程中董事会和管理层成员识别、提取和汇总他们的不同信息，避免片面化，从而产生高质量的决策。通过将企业和环境联系起来，董事会加强了与管理层的关系，特别是与CEO的关系，这样可以提高管理层的信息处理能力和环境扫描能力，从而提高企业的总体信息处理能力[1]。

[1] 金媛媛，崔胜朝，周建．董事会资本有助于提高企业国际化战略管理效率[N]．中国社会科学报，2010-10-28.

（五）风险与成本降低机制

企业开展经营的主要障碍之一就是政府、顾客、供应商等外部利益相关者对企业不够了解和信任，尤其是对于中小企业，由于其实力不够强大、知名度不高，增加了被顾客认知与接受的难度，从而制约了这些企业在市场的生存空间和发展速度。董事会资本为企业提供了某种合法性（legitimacy），这种合法性是以信任和互惠为基础的。通过相互信任、共同预期、互惠规范降低了机会主义行为发生的概率，减小了由市场的环境不确定性和信息不完全性导致的风险，增加了企业网络参与者在合作中的投资，为企业正常经营提供了保障。

（六）监督机制

代理问题是企业难以避免的问题。体育类企业具有专业化的特征，这种特征增加了委托人和代理人之间的信息不对称。运营的复杂性决定了针对某个问题往往有多种决策方案，这就赋予了管理层更多的选择权，这种信息不对称和选择权使得董事会履行对管理层的监督职能变得困难，因此容易导致代理问题[1]。

具有丰富人力资本和社会资本的董事会能够更好地监督管理层，削弱代理问题。代理理论学者通常采用董事会独立性的计量方法，而不考虑监督能力的异质性。但事实上，如果两个董事会均由来自外部的独立董事主导，一个董事会的成员都是来自实力较强的体育类企业，另一个董事会的成员都来自不相关行业的小企业，可以发现前者的经验、技能和专业知识将使他们在履行监督职能方面比后者更有效。Kor & Sundaramurthy（2009）证实了这种观点，认为外部董事的人力资本决定了他们如何有效地质疑、评价和影响管理层的行为[2]。Carpenter & Wenstphal（2001）也发现董事的技能、经验、专长和知识

[1] Sanders W G, Carpenter M A. Internationalization and Firm Governance: The Roles of CEO Compensation, Top Team Composition, and Board Structure [J]. Academy of Management Journal, 1998, 41: 158-178.

[2] Kor Y Y, Sundaramurthy C. Experience-Based Human Capital and Social Capital of Outside Directors[J]. Journal of Management. 2009,35(4):981-1006.

可能会影响他们在监督CEO、评价战略执行、制订继任计划和奖励管理层方面的有效性[1]。具备丰富人力资本和社会资本的董事会可能更熟悉市场趋势、客户需求及竞争对手的情况，也更容易判断管理层的决策是否有利于企业战略的实施，从而能够识别重要资源、正确评价管理层和有效选择继任者。可见，董事会资本有助于削弱强企业的代理问题[2]。

三、董事会资本与体育类企业绩效

董事会资本是企业的特殊资源和战略资产。从企业外部来看，董事会资本可以降低企业对环境的依赖性；从企业内部来看，董事会资本可以成为企业获取和维持竞争优势的源泉[3]。资源基础观和资源依赖理论为董事会资本与企业绩效的关系提供了理论依据。

（一）资源基础观视角下的董事会资本与企业绩效

Penrose于1959年出版的《企业成长论》[4]，开创了资源基础观的先河。Wernerfelt（1984）[5]以Penrose等学者的工作为基础，明确提出了企业的资源基础观，并经Barney等学者的进一步发展完善，使资源基础观成为战略管理研究的理论基石之一。资源基础观认为，企业是资源的独特集合体，企业所拥有的有价值（Value）、稀缺（Rarity）、难以模仿（Inimitability）和可组织（Organization）的资源（VRIO模型）是企业可持续竞争优势的源泉。Barney（1986）将企业的内部资源划分为物质资本资源、人力资本资源和组织资本资源[6]。不同企业所拥有的具

[1] Carpenter M A, Westphal J D. The Strategic Context of External Networks Ties: Examining the Impact of Director Appointments on Board Involvement in Strategic Decision Making[J]. Academy of Management Journal, 2001,4(4): 639–660.

[2] 金媛媛, 崔胜朝, 周建. 董事会资本有助于提高企业国际化战略管理效率[N]. 中国社会科学报, 2010–10–28.

[3] 周建, 金媛媛, 刘小元. 董事会资本研究综述[J]. 外国经济与管理, 2010(12): 27–35.

[4] Penrose E.The Theory of the Growth of the Firm[M]. Oxford University Press, 1959.

[5] Wernerfelt B. A Resource– based View of the Firm[J]. Strategic Management Journal, 1984, 5:171– 180.

[6] Barney J B. Strategic Factor Markets, Expectations, Luck, and Business Strategy [J]. Management Science, 1986, 42: 1231–1241.

体资源是异质的，那些拥有特殊资源（VRIO模型）的企业才有可能获得持续的竞争优势。

根据资源基础观，企业的经营能力与其积累的资源直接相关，拥有有价值、稀缺、难以模仿和可组织资源（VRIO模型）的企业在市场上更有优势，能实现更快的发展。在快速变化的时代，人被认为是企业最重要的资源，而无形资产，如人们所掌握的知识和经验，是有价值、独特、难以模仿的资源，因此被视为企业竞争优势的来源[1]。此外，个体之间的社会关系有利于知识及其他能够促进组织行动的资源的产生和利用，由于其复杂性和不可模仿性，个体之间的社会关系也是很有价值的。

那么，作为企业决策层的董事会，其成员的人力资本和社会资本都可以为企业在经营过程中创造价值服务。董事会成员丰富的行业经验、有关企业经营的默会知识及其运用能力、与各利益相关者建立起来的关系网络，具有难以模仿和难以替代的价值创造属性[2]，构成了企业成长的动因和竞争优势的来源。从团队层面来讲，董事会资本本身就是企业的特殊资源和战略资产，成为企业成长的重要动力来源。

（二）资源依赖理论视角下的董事会资本与企业绩效

资源依赖理论源于社会学和经济学的研究。根据资源依赖理论，组织是一个开放的系统，任何组织不可能拥有赖以生存和发展所需要的全部资源。事实上，许多事关组织生存与发展的稀缺的、有价值的资源，都必须从外部环境中获得。于是，那些外部资源的控制者便获得了相对于本组织的权力，组织与外部资源控制者的互动和谈判能力在很大程度上决定了组织的生存和发展空间，以及组织的结构、功能和演进。对具体的企业而言，企业必须与包括政府、金融机构、供应商、消费者、竞争对手，以及所在社区在内的外部利益相关者建立良

[1] Barney J B. Firm Resources and Sustained Competitive Advantage[J]. Journal of Management, 1991, 17(1): 99–120.

[2] 高素英, 周建. 战略人力资本管理：揭开人力资源和绩效关系的“黑箱”[N]. 中国社会科学报, 2010-03-04.

好的互动关系，方能提高自身的资源获取能力，从而减少企业对外部环境的依赖，更好地应对由环境复杂性导致的不确定性。

对于企业来说，董事会是联系企业与外部环境的通道，能够帮助企业获取发展所需要的关键资源，以适应急剧变化的外部环境[1]。作为一种重要的资源提供机制，董事会机制提供资源的具体行为包括提供合法性保障、塑造良好的公共形象、提供专业知识、帮助企业管理层与重要股东及其他重要角色建立和保持关系、增加企业获取有价值资源的机会、构建外部联系、推广创新、帮助企业制定重大战略决策等[2]。而董事会提供这些资源的前提是董事会资本，即董事会的人力资本和社会资本。在企业成长的过程中，董事会正是依赖其人力资本和社会资本，帮助企业获得知识和机会、市场渠道、外部关键资源，帮助企业处理信息、降低风险和成本、监督管理层的行为，帮助企业选择合适的目标市场和适当的市场进入模式，从而推动企业成长进程，提高企业绩效。

综合以上分析，基于“输入–过程–输出”的视角，董事会资本可以视为体育类企业的一种投入，影响董事会在企业成长过程的行为，进而影响作为输出结果的企业绩效，如图3–1所示。

[1] Pfeffer J, Salancik G R. The External Control of Organizations: A Resource–dependence Perspective[M]. New York: Harper & Row, 1978.

[2] Hillman A J, Dalziel T. Boards of Directors and Firm Performance: Integrating Agency and Resource Dependence Perspectives[J]. Academy of Management Review, 2003, 28(3): 383–396.

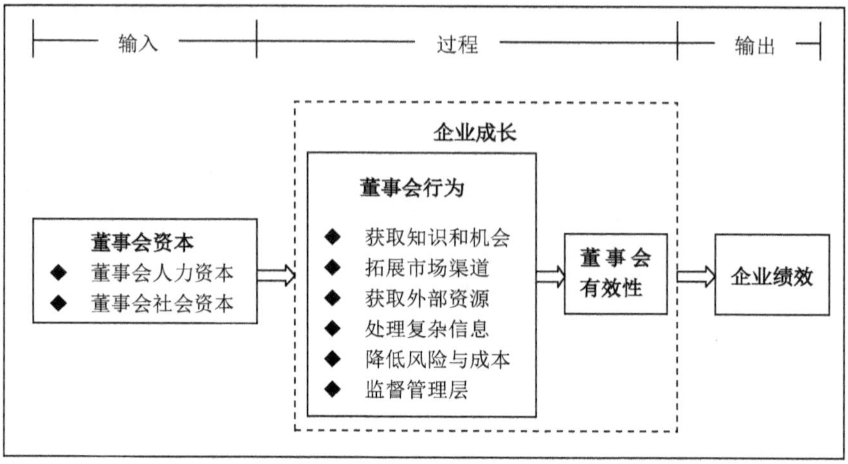

图3-1 董事会资本、企业成长与企业绩效

第三节　董事会激励与CEO权力的调节作用

过去的20多年，契约理论最重要的发展之一就是代理理论。所有权和经营权的分离是现代公司的一个主要特征，契约理论称这种分离为代理问题。委托人与代理人的委托代理关系是从企业制度中“内生”出来的，是企业发展到一定阶段的必然产物，体现了现代企业制度对大规模生产活动的适应。公司治理中代理问题的逻辑起点是所有权与经营权的分离，其本质是代理人的机会主义行为，即在牺牲委托人利益的基础上追求自身利益最大化[1]。

在现代企业中，企业由股东选出董事，代表股东进行决策，由董事会聘请管理层。因此，存在着“股东–董事会”和“董事会–管理层”双重委托–代理关系。第一重委托–代理关系中，董事会激励是影响代理问题的关键因素；第二重委托–代理关系中，CEO权力是影响代理问题的关键因素。这两个因素对董事会资本与企业绩效的关系

[1] Eisenhardt K M. Agency Theory: An Assessment and Review[J]. Academy of Management Review, 1989, 14(1): 57–74.

具有调节作用。本节详细分析董事会激励与CEO权力如何调节董事会资本与企业绩效的关系，并综合本章第一节、第二节的内容，构建本研究的研究模型。

一、董事会激励调节董事会资本与企业绩效的关系

在第一重委托－代理关系中，董事会能否忠实、勤勉、有效地履行股东托付的任务，一方面取决于董事会资本，它代表董事会履行职责的能力；另一方面取决于董事会所受到的激励，它代表董事会履行职责的动力。董事会受到的激励不同，董事会资本对企业绩效的影响水平也会有所不同。行为科学家长期将激励视为能力和绩效关系的关键调节因素。Hunter & Hunter（1984）通过荟萃分析（Meta-analysis）发现，能力通常是任务绩效的最重要决定因素，而激励影响能力与绩效的关系[1]，但是并不独立决定任务绩效。

Hillman & Dalziel（2003）结合资源依赖理论和代理理论研究认为，董事会资本与董事会履行资源提供和监督职能的有效性正相关，董事会激励并不独立影响董事会的资源提供或监督职能，但影响董事会资本资源提供和监督职能关系的量级和方向[2]。韩忠雪等（2009）同样也是结合资源依赖理论和代理理论认为，董事会能够为企业提供战略性资源，但这种资源提供职能的有效性还受到董事会激励的影响，有效的董事会激励可以激发董事会履职的动力，降低企业的代理成本，提高企业绩效[3]。冉茂盛和周治凡（2010）将董事会激励分为显性激励、隐性激励和外部激励，其中作为显性激励的董事会所有权的提高，能够调动董事会监督管理层和参与战略管理的积极性，从而有利于企业效率的提高；作为隐性激励的董事长与总经理两职合一，不利

[1] Hunter J E, Hunter R F. Validity and Utility of Alternate Predictions of Job Performance[J]. Psychological Bulletin, 1984, 96(1):72–98.

[2] Hillman A J, Dalziel T. Boards of Directors and Firm Performance: Integrating Agency and Resource Dependence Perspectives[J]. Academy of Management Review, 2003, 28(3): 383–396.

[3] 韩忠雪，尚娟，周婷婷．董事会激励、所有权结构与公司价值——基于中国上市公司面板数据的分析[J]．山西财经大学学报，2009(4)：59–66.

于董事会职能的有效发挥和企业效率的提高[1]。

综合以上研究，笔者认为，董事会可以激励可调节董事会资本与企业绩效的关系。

二、CEO权力调节董事会资本与企业绩效的关系

在第二重委托—代理关系中，董事会能否独立地履行职能，往往受到管理层特别是CEO的影响。权力在战略决策制定、战略选择和战略变革中起着关键的作用，一个权力较大的CEO可能会威胁到董事会的独立判断[2]，其偏好会抑制或者强化董事会对企业战略决策的影响，CEO利益侵占会导致董事会的有效性降低。

Zajac & Westphal（1996）研究认为，当现任CEO的权力大于董事会的权力时，现任CEO的偏好会影响董事会选任新CEO的决策[3]。Combs 等（2007）结合代理理论和权力循环理论，使用事件研究法，考察了73家CEO意外死亡的企业股票市场的反应，发现CEO权力对董事会构成与企业市场绩效的关系具有调节作用[4]。Golden & Zajac（2001）发现当CEO相对于董事会权力较大时，董事会对于战略变革的影响就会减弱[5]。类似的，Haynes & Hillman（2010）以标准普尔500强公司作为样本，研究了CEO权力对董事会资本与战略变革之间关系的影响，结果表明，相对于董事会权力更大的CEO，更倾向于维持现有的战略，从而抑制董事会资本广度对战略变革的积极影响，但是CEO权力

[1] 冉茂盛，周治凡．董事会激励对公司效率影响的随机前沿分析[J]．技术经济，2010(6)：82–86.

[2] Dalton D R, Kesner I F. Composition and CEO Duality in Boards of Directors: An International Comparison[J]. Journal of International Business Studies, 1987,18(3): 33–42.

[3] Zajac E J, Westphal J D. Who Shall Succeed? How CEO/Board Preferences and Power Affect the Choice of New CEOs[J]. Academy of Management Journal, 1996,39(1):64–90.

[4] Combs J G, Ketchen D J, Perryman A A, Donahue M S. The Moderating Effect of CEO Power on the Board Composition–Firm Performance Relationship[J]. Journal of Management Studies, 2007, 44(8): 1299–1323.

[5] Golden B R, Zajac E J. When will Boards Influence Strategy? Inclination × Power = Strategic Change [J]. Strategic Management Journal, 2001, 22(12): 1087–1111.

对董事会资本深度与战略变革之间关系的影响甚微[1]。国内学者蒋峦等（2012）基于权力循环理论，实证检验了CEO权力对董事会独立性与企业绩效关系的调节作用，结果显示，CEO兼任董事长正向调节两者的关系，CEO持股比例负向调节两者的关系[2]。

综合以上研究，笔者认为，CEO权力对董事会资本与企业绩效的关系具有调节作用。

三、研究模型

本章首先对董事会资本、企业绩效、董事会有效性等概念进行了界定，然后分析了目前中国体育类企业的特点：从强调规避风险转为注重发掘机会；从强调市场承诺转为注重关系承诺；从强调内部资源累积转为注重外部资源获取。这些趋势的出现要求董事会要比以往更加有效。董事会资本有助于企业降低风险与成本，获取知识和机会，拓展市场渠道，获取外部资源，加强对管理层的监督，从而促进企业成长，提高企业绩效。

企业的发展表现为企业成长，其结果体现为企业绩效。根据资源基础观，董事会资本本身就是企业的有价值、稀缺、不可替代、可组织的资源（VRIO模型），成为企业发展的动因和竞争优势的来源；根据资源依赖理论，董事会资本能够帮助企业从外部获取关键资源，从而提高绩效。因此，董事会资本正向影响企业绩效。

根据代理理论，在现代企业中，所有权和经营权分离，导致了代理问题的出现。在“股东–董事会”和“董事会–管理层”的委托–代理关系中，董事会激励和CEO权力分别成为影响代理问题的关键因素。相关研究表明，董事会激励和CEO权力可以调节董事会资本与企业绩效的关系。

[1] Haynes K T, Hillman A. The Effect of Board Capital and CEO Power on Strategic Change[J]. Strategic Management Journal, 2010, 31(11)：1145–1163.

[2] 蒋峦，胡刚，谢俊．董事会独立性对公司绩效的影响——以CEO权力为调节变量[J]．上海商学院学报，2012(2)：72–77.

综合以上研究，研究模型如图3-2所示。

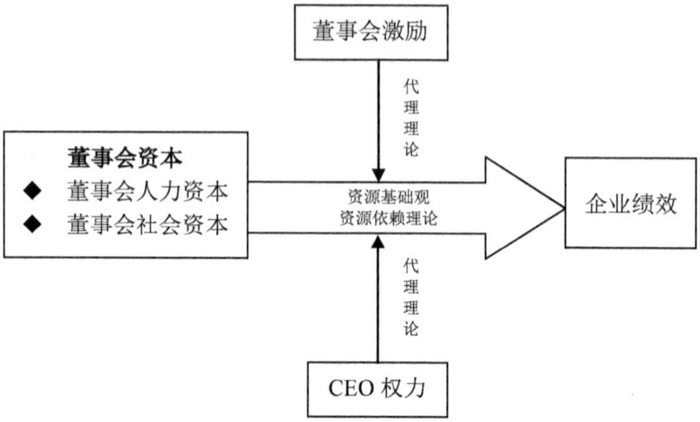

图3-2 研究模型

第四章 董事会资本测度指标体系研究

第三章分析了董事会资本对企业绩效的作用机制，并在此基础上构建了本研究的研究模型。从本章开始，将对研究模型的各个部分进行深入分析和实证检验。由于董事会资本是一个全新的概念，本章首先构建董事会资本的测度指标体系，为后续实证检验董事会资本与企业绩效的关系打下基础。

第一节 构建董事会资本测度指标体系的意义与原则

一、构建董事会资本测度指标体系的意义

之所以构建董事会资本测度指标体系，从根本上是由于它对于企业的生存和发展至关重要。程苓峰（2006）在对携程网在境外成功上市进行战略解读时，就强调了“基于能力要素互补的团队建设”的重要性，实质上是强调董事会资本实力强大的重要性[1]。张耀伟（2008）指出，转型经济背景下的中国企业存在的许多不规范问题，就其本质而言，很大程度上都可以归结为董事会的失灵所致[2]，即由于董事会未能有效履行其职能，致使出现“内部人控制”或控股股东利益侵占等

[1] 程苓峰．携程网一家奇特的公司[EB/OL].[2006-5-22].http://manage.org.cn/observe/200605/31193.html.

[2] 张耀伟．董事会治理评价、治理指数与公司绩效实证研究[J]．管理科学，2008(5)：11-18.

问题，如南京中北、德隆集团等事件，都与董事会的失灵有关，其根本的原因在于董事会资本实力薄弱，无法有效履行职能。

那么，董事会资本究竟由哪些维度构成？从文献来看，鲜有学者对此展开研究。对董事会资本进行测度，无论对上市公司，还是监管部门，甚至投资者，都具有重要的意义。对上市公司而言，可以借助测度指标体系进行自查，通过自查发现问题，从而对董事会成员进行更新，对董事会建设进行完善，增强自身的竞争力。对监管部门来说，可以利用该指标体系进行定期的董事会资本评价，发现上市公司在董事会治理方面存在的问题，对上市公司的董事会建设提出改进建议。对于投资者，尤其是机构投资者，可以依据该指标体系对上市公司董事会资本做出评价，从而判断企业的投资价值。

二、董事会资本测度指标选取原则

指标选取是构建测度指标体系的前提，董事会资本测度指标的选取要依据客观性、可比性和可操作性的原则，充分借鉴国内外学者的研究成果，并结合中国的国情及研究目标，体现体育产业特点。

客观性原则：每一个指标的选择都要有据可依，站在中立的立场上，观察问题，分析问题，充分考虑指标的科学性、准确性、可靠性，涉及的指标数据要经过权威部门发布或学者考证，不能主观臆断。

可比性原则：可比性是指测度指标应具有普遍的统计意义，从而使得测度结果既能在企业间进行横向比较，也能在时间上进行纵向比较。

可操作性原则：可操作性是指测度指标的概念界定清晰，内涵外延边界明确，语言表达简单易懂，指标数据易于收集[1]。

充分借鉴国内外学者的研究成果：在指标的选择上，充分借鉴以往学者的研究成果，特别是发表在权威期刊上的文章。此外，借鉴了

[1] 洪建刚．我国企业成长性评估指标体系探讨——以南京市上市公司为例[D]．南京：河海大学，2005.

标准普尔（Standard & Poor's）和美国《商业周刊》（*Business Week*）中与董事会资本有直接关系的、有代表性的指标。

体现中国国情：董事会资本状况与国家现实的宏观经济环境、微观制度环境等密切相关。国外的董事会资本测度指标是建立在西方完善的法律制度环境和董事会建设较为完善的基础上的。中国的企业受长期的计划经济制度的影响，董事会建设体现出明显的“路径依赖性”，因此，在选择指标体系时要将西方的先进经验与中国的国情紧密结合。

体现体育产业特点：由于本研究的研究目的是考察董事会资本对中国体育类企业的影响，因此，指标的选择应体现体育产业的特点，如董事在体育类企业的任职经历，应被纳入指标体系中。

第二节　董事会人力资本测度指标体系

人力资本的概念最早是由Schultz在1961年提出的，他认为人力资本是指人们掌握的技能和知识[1]。Hillman & Dalziel（2003）在人力资本概念的基础上，将董事会人力资本界定为董事会成员共同带给董事会的知识、技能和经验的组合[2]。这种知识、技能和经验一方面来自董事会成员所接受的教育和培训，另一方面来自他们的任职经历。

在对指标进行测度时，采用董事会成员满足某种条件的平均值或者比例，作为董事会团队层面的测度结果。具体而言，本研究选择了六个关键性的指标对董事会的人力资本进行测度：董事会的受教育程度、会计专业背景、法律专业背景、CEO经验、行业嵌入度、背景的异质性程度。

[1]　Schultz T W. Investment in Human Capital [J]. American Economic Review, 1961,51(1): 1-17.

[2]　Hillman A J, Dalziel T. Boards of Directors and Firm Performance: Integrating Agency and Resource Dependence Perspectives[J]. Academy of Management Review, 2003, 28(3): 383-396.

一、董事会的受教育程度

根据人力资本理论，人的质量不同，对生产所做的贡献也就不同，高质量的劳动力可以获得较高的劳动生产率，对生产做出更大的贡献。因此，人的质量的提高是经济增长的重要因素之一。人的质量的提高依赖于人所接受教育的程度。个体的受教育程度可以反映其认知方式、个性特征、价值观念[1]。Datta & Rajagopalan（1998）提出受教育程度与知识、技能、创造力、应变能力、信息处理能力之间存在正相关关系[2]。作为企业的高层领导团队，受教育程度较高的董事会往往以企业长远利益为核心，结合外部环境变化，制定出高质量的战略决策，为企业赢得竞争优势。可见，受教育程度对董事会人力资本的积累有确定性的促进作用，对企业的发展具有积极的影响。

具体到中国情境下，衡量受教育程度的指标主要是学历水平。学历是指个人求学的经历，包括曾在某种等级与类型的学校肄业或毕业，或获得某种学位或证书，这里特指从某个大学毕业，并获得学位的经历。学历是董事受教育程度的权威证明，同时也是衡量董事会人力资本存量大小的关键指标。正规的学历教育有利于培养董事的企业家才能，提高他们的工作能力和工作质量[3]。董事会的受教育程度使用具有高学历的成员的比例来衡量，具体来说，借鉴Barroso等（2011）的做法，采用拥有硕士及其以上学位的董事的比例来测度[4]。

二、董事会的会计专业背景

企业在选聘董事的时候，往往偏好聘请那些具有经济管理类专业

---

[1] Schultz T W. Investment in Human Capital [J]. American Economic Review, 1961,51(1): 1-17.

[2] Datta D K, Rajagopalan N. Industry Structure and CEO Characteristics: An Empirical Study of Succession Events[J]. Strategic Management Journal, 1998,19(9): 833-852.

[3] 何强，陈松．董事会学历分布与R & D投入：基于制造业上市公司的实证研究[J]．软科学，2011(2)：121-126.

[4] Barroso C, Villegas M M, P é rez-Calero L. Board Influence on a Firm's Internationa lization [J]. Corporate Governance: An International Review, 2011, 19(4): 351-367.

背景的人，因为他们能为企业的发展提供更为专业的决策建议，以提高企业的经营管理水平。特别是具有会计专业背景的人，他们可以从财务角度提供建议和咨询，以提高企业财务信息的可靠性，从而有助于企业价值的提升。2001年8月21日，中国证监会发布了《关于在上市公司建立独立董事制度的指导意见》，该意见明确提出，各境内上市公司聘任适当人员担任独立董事，其中至少包括1名会计专业人士，这也说明了董事会具备会计专业背景的重要性。根据《关于在上市公司建立独立董事制度的指导意见》的界定，会计专业人士是指具有CPA资格或高级会计师职称的人士，本研究将董事会的会计专业背景设置为虚拟变量，董事会中如果有具备CPA资格或高级会计师职称的董事则赋值为1，反之为0。

三、董事会的法律专业背景

市场经济就是法治经济，所有的企业风险，究其根源都是法律风险，或者会演变为法律风险。而加强法律风险防范，避免由于法律风险遭受损失，从某种意义上讲，本身就是创造经济效益。具有法律专业背景的董事，尤其是具备律师资格的董事，其所经历的诉讼、所解决的法律问题，使其具有较强的综合能力。特别是很多律师都具有较高的学历，在成为律师之前具有企业工作的经历。这些经历使他们具备较强的风险预判、防范和化解能力，能够帮助企业识别潜在的法律风险，并及时化解这些风险。由于必须通过难度较大的司法考试才能取得律师资格，且必须经过一年实习并接受专业知识和职业道德培训才能获得律师执业资格，所以，律师的专业素质相对于仅仅学过法律知识的人而言明显更高，能为企业提供更高质量的咨询和建议。因此，本研究将董事会的法律专业背景设置为虚拟变量，董事会中如果有具备律师资格的董事则赋值为1，反之为0。

四、董事会的CEO经验

董事会作为战略决策的重要主体，其战略管理经验对于企业战略决策的制定和实施具有重要影响。Hambrick 等（1984）指出，企业的领导团队成员在以前任职领域的经验能够影响战略决策[1]。经验丰富的管理者与缺乏经验的管理者感知到的信息有很大差异。经验丰富的管理者更容易获得实施企业战略所需要的信息和资源，更善于处理企业经营中的不确定性和模糊性，从而实现高水平的企业业绩[2]。董事会成员的CEO经验直接影响到他们对企业战略的参与程度、范围和绩效[3]。作为企业的最高领导层，董事会的CEO经验对董事会的战略任务绩效具有积极的影响。本研究采用曾经担任CEO的董事会成员的比例来测度董事会的CEO经验。

五、董事会的行业嵌入度

董事会的行业嵌入度是指董事会成员对企业所处行业的熟悉程度，而这种熟悉往往来自董事会成员在企业所处行业的工作经验[4]。处于同一个行业中的企业面临着相似的技术环境、竞争规则、客户需求和政府管制。在本行业工作的经验使得董事对该行业具有深刻的理解，从而能够更好地帮助企业把握机会、识别风险。此外，具有本行业工作经验的董事拥有与本行业直接相关的知识，这使他们能够更好地评价潜在的CEO候选人与行业要求之间的匹配程度，从而做出更英明的CEO任命决策[5]。总之，董事会行业嵌入度越高越有助于提高董事会的有效性。本研究采用具有本行业学习经历或工作经验的董事会成员的比例来衡量董事会的行业嵌入度。

---

[1] Hambrick D C, Msaon P A. Upper Echelons: The Organization as a Reflection of its Top Managers [J]. Academy of Management Review, 1984, 9(2) : 193–206.

[2] Mezias J M, Starbuck W H. Studying the Accuracy of Managers' Perceptions: A Research Odyssey[J]. British Journal of Management, 2003, 14(1): 3–17.

[3] Ravasi D, Zattoni A. Exploring the Political Side of Board Involvement in Strategy: A Study of Mixed-ownership Institutions[J]. Journal of Management Studies, 2006, 43(8): 1673–1704.

[4] Haynes K T, Hillman A. The Effect of Board Capital and CEO Power on Strategic Change[J]. Strategic Management Journal, 2010, 31(11): 1145–1163.

[5] Tian J, Haleblian J, Rajagopalan N. The Effects of Board Human and Social Capital on Investor Reactions to New CEO Selection [J]. Strategic Management Journal, 2011, 32(7): 731–747.

六、董事会背景的异质性程度

董事会背景的异质性是指董事会成员在专业知识和职业经历方面的差异性[1]。董事专业知识结构的复杂性对组织进行信息认知、处理具有重要的影响，无论是在个体还是团队层面，知识结构越复杂，越有助于个体或团队注意到更多、更有价值的信息，从而更迅速、更有效地解决问题[2]。随着经济与科技的发展，企业将越来越需要跨越多个知识领域的董事会来识别外部环境中的机会和威胁，帮助企业制定科学的战略决策。

团队成员的职业经验影响他们的社会心理和认知模式，具有多种职业经验的团队可以从不同的角度分析同一个复杂的问题，从而有利于改善决策质量[3]。Certo 等（2006）研究了高管团队异质性与战略的关系，发现高管团队成员在职业背景方面异质性越强，战略决策质量就会越好[4]。董事会成员职业经历的不同使他们在决策中体现出不同的认知模式，从多个角度来分析问题，有助于提高董事会的战略决策质量。

专业背景包括经济管理、科学工程、文学艺术、法律等；职业背景包括生产、财务、法律、技术、营销、行政管理、政府职员等。专业背景和职业背景异质性水平采用Tuggle等（2010）[5]文献中普遍使用的Herfindahl指数来测度。

---

[1] 周建, 任尚华, 金媛媛. 董事会资本对企业R & D支出的影响研究——基于中国沪深两市高科技上市公司的经验证据[J]. 研究与发展管理, 2012 (1)：67–77.

[2] 古家军, 胡蓓. TMT知识结构、职业背景的异质性与企业技术创新绩效关系——基于产业集群内企业的实证研究[J]. 研究与发展管理, 2008(2)：28–33.

[3] Amason A C, Sapienza H J. The Effects of Top Management Team Size and Interaction Norms on Cognitive and Affective Conflict[J]. Journal of Management. 1997, 23(4): 495–516.

[4] Certo S T, Lester T H, Dalton C M, Dalton D R. Top Management Teams, Strategy and Financial Performance: A Meta–analytic Examination[J]. Journal of Management Studies, 2006, 43(4):813–839.

[5] Tuggle C S, Schnatterly K, Johnson R A. Attention Patterns in the Boardroom: How Board Composition and Processes Affect Discussion of Entrepreneurial Issues [J]. Academy of Management Journal, 2010, 53 (3):550–571.

$$H=1-\sum_{i\in E}P_i^2$$ 公式（4.1）

其中，E是指董事的专业背景或职业背景的种类，P_i是指具有第i种专业背景或职业背景的董事占董事会规模的比例，H_1代表专业背景的异质性程度，H_2代表职业背景的异质性程度，分别计算出H_1和H_2，然后进行平均，便得到代表董事会背景异质性程度的H值，介于0和1之间。H值越大，表明董事会背景的异质性程度越高；H值越小则异质性程度越低[1]。

第三节　董事会社会资本测度指标体系

法国社会学者Bourdieu于1980年正式提出“社会资本”的概念，他认为社会资本是实际的或潜在的资源的集合体，这些资源与大家共同熟悉或认可的制度化的关系网络密切相关[2]。Hillman & Dalziel（2003）在社会资本概念的基础上，将董事会社会资本界定为董事会成员所拥有的企业内外部关系及由这些关系所带来的潜在资源的组合[3]。Kim & Cannella（2008）根据边界和功能的不同，将董事会社会资本进一步划分为内部社会资本和外部社会资本。内部社会资本是指董事会成员之间及董事会与管理层之间所建立起来的社会资本，而外部社会资本则是指董事会成员由于在行业内担任某种职务，与行业内其他角色（包括供应商、分销商和主要客户等）建立起来的良好关系所形成的社会

[1] Tuggle C S, Schnatterly K, Johnson R A. Attention Patterns in the Boardroom: How Board Composition and Processes Affect Discussion of Entrepreneurial Issues [J]. Academy of Management Journal, 2010, 53 (3):550-571.

[2] Bourdieu P. Le Capital Social: Notes Provisoires[J]. Actes de la Recherche en Sciences Sociales, 1980, 31: 2-3.

[3] Hillman A J, Dalziel T. Boards of Directors and Firm Performance: Integrating Agency and Resource Dependence Perspectives[J]. Academy of Management Review, 2003, 28(3): 383-396.

资本[1]。

根据定义，本研究选择了董事会的网络密度和董事会与管理层之间的关系两个指标来测度董事会内部社会资本，选择了董事会的连锁董事情况、董事会的政治背景、董事会的银行背景三个指标来测度董事会的外部社会资本。

一、董事会的网络密度

衡量董事会成员关系的一个重要概念是董事会网络密度（Board Network Density），它是指董事会成员之间联系的密切程度（Kim & Cannella，2008）。如果董事会成员之间联系密切，那么董事会网络密度就高。董事会的网络密度越高，董事会成员之间的信任程度就越高。此外，董事会的团队性通常较弱，这主要是由于董事会成员并不经常见面，他们的工作更像一种兼职，缺乏团队性影响了董事会相互协作的能力。如果董事会成员之间的网络密度高，就不容易出现缺乏团队精神和难以协调的问题。董事会网络密度的提高有助于增强董事会成员之间的信任程度和团队性，提高董事会的凝聚力和执行力。由于董事会成员之间的关系大多是通过董事会会议建立的，董事会会议次数从很大程度上反映了董事会的网络密度，因此，本研究使用平均每个月的董事会会议次数来衡量董事会的网络密度。

二、董事会与管理层之间的关系

虽然董事会影响企业的内部功能，但大多数董事的时间都花在企业外部。通过将企业和环境联系起来，董事会加强了与管理层的关系，特别是与CEO的关系，这样可以提高董事会的信息处理能力和环境扫描能力，而信息处理能力直接关系到董事会的工作效能。另外，根据管家理论，管理层被视作为实现股东利益而勤勉尽责的管家，董

[1] KiM Y, Cannella A. Toward a Social Capital Theory of Director Selection[J]. Corporate Governance: An International Review, 2008, 16(4): 282-293.

事会应该与管理层发展一种相互信任、合作的关系[1]。这种关系将提高董事会为管理层提供建议、指导和咨询的能力。否则，由于不能充分信任，管理层可能不会接受董事会的建议和指导。总之，董事会和管理层之间的关系会影响董事会有效履行职能的能力。由于执行董事比例高的董事会与管理层的联系较为密切，因此，董事会与管理层之间的关系可以采用董事会中执行董事的比例来衡量。

三、董事会的连锁董事情况

连锁董事是指一个董事同时在两家或两家以上企业担任董事职务[2]。以往的研究表明，企业间的连锁董事网络对于企业战略和绩效具有重要的影响，比如帮助企业获取外部资源、促进创新、建立企业联盟、改善公司治理等。根据资源依赖理论，连锁董事有助于企业克服资源依赖。不管是上下游企业之间，还是同类企业之间，或者企业与银行等其他机构之间，都存在资源依赖关系，连锁董事是企业为了克服依赖而采取的战略选择[3]。此外，连锁董事有助于提高企业的声誉。由于董事会往往是将董事派往声誉良好的企业中担任董事，同时也希望接收来自声誉良好的企业的董事，形成连锁董事网络。因此，连锁董事对企业声誉也有重要影响，而声誉作为企业的无形资产，也是企业竞争优势的来源之一。本研究采用连锁董事在董事会中所占的比例来衡量董事会的连锁董事情况。

企业董事会之间的联系分为直接连锁联系和间接连锁联系。直接连锁联系是指任意两家企业之间直接通过一个或多个连锁董事而联系在一起，而间接连锁联系是指任意两家企业之间没有直接连锁联系，

[1] Forbes D P, Milliken F J. Cognition and Corporate Governance: Understanding Boards of Directors as Strategic Decision-making Groups [J]. Academy of Management Review, 1999, 24(3):489-505.

[2] Mizruchi M S. What do Interlocks Do? An Analysis, Critique, and Assessment of Research on Interlocking Directorates[J]. Annual Review of Sociology, 1996, 22:271-298.

[3] 任兵，阎大颖，张婧婷．连锁董事与企业战略：前沿理论与实证研究评述[J]．南开学报(哲学社会科学版)，2008(3)：119-126.

但可通过第三家企业或多家企业而间接地联系在一起[1]。当两家企业同时任命第三方企业董事担任双方董事时，这两家企业之间自然会产生间接的连锁联系。因此，企业间有意识建立的往往是直接连锁联系，而非间接连锁联系。而且，直接连锁联系比间接连锁联系更可能成为企业间相互影响和交流信息的工具。因此，本研究中的连锁联系是指直接连锁联系。

四、董事会的政治背景

政治背景在中国经济发展中的作用举足轻重。转型经济使中国企业面临很多的不确定性，主要体现为政治不确定性和行政管理的不确定性。政治不确定性是指政策变化导致的不确定性，行政管理的不确定性是指由于政府和其他行政部门工作不规范或不透明导致的不确定性[2]。企业往往利用广泛的社会交往和关系来降低这种不确定性。因为关系作为一种非正式制度，与正式制度之间存在一定的替代性。Li & Atuahene-Gima（2001）指出，在转型环境下，企业决策者的政治网络关系，是一种独特的社会资本[3]。

政府掌握着制定产业政策、实施行业规制等方面的权力，在这种情况下，董事会的政治资源就显得尤为重要。董事会通过其成员与政府之间的关系，可以帮助企业及时、有效地降低面临的不确定性。具有政治背景的董事借助其以前的或者现在的政治关系，一方面能使企业获取较多的资源，另一方面能够利用政府的影响力增强银行和投资者的信心，减少企业的融资约束。例如魏锋和罗竹凤（2011）基于2006—2008 年中国中小企业上市公司的贷款方式数据进行实证研究发

[1]　任兵，区玉辉，彭维刚．连锁董事、区域企业间连锁董事网与区域经济发展——对上海和广东两地2001年上市公司的实证考察[J]．管理世界，2004(3)：112-123.

[2]　罗党论，唐清泉．政治关系、社会资本与政策资源获取:来自中国民营上市公司的经验证据[J]．世界经济，2009(7)：84-96.

[3]　Li H, Atuahene-Gima K. Product Innovation Strategy and Performance of New Technology Ventures in China[J]. Academy of Management Journal, 2001, 44 (6): 1123-1134.

现，董事会有政治背景的企业更容易获得信用借款，且期限也更长[1]。

本研究借鉴陈冬华（2003）的做法，选择董事会中具有政治背景的董事比例来测度董事会的政治背景[2]。这里的政治背景是指董事本人曾经或者现在是政府官员或人大代表、政协委员。

五、董事会的银行背景

对于企业来说，银行贷款的融资成本很低甚至实际为负，因而大量的企业会竞相申请，但银行的信贷权限并不透明，这使银行内部门或者个人通过信贷配置权来设租成为可能，从而为企业进行寻租提供了机会。然而要想寻租，必须进入银行信贷配置决策者的关系网络，具有银行背景的董事便是企业融入银行信贷配置决策者关系网络的捷径。这些董事要么本人就是信贷配置决策者，要么能够与其他信贷配置决策者建立联系，从而使企业更容易获得银行信贷[3]。

在银根紧缩的环境下，企业获得贷款的难度将明显加大，通过正常途径获得贷款的概率大大降低，信贷配置权设租更为容易，寻租空间加大，具有银行背景的董事对企业信贷融资的作用更为明显。苏灵等（2011）的研究结论也支持了以上观点，他们发现聘请在银行工作的人士担任董事，可以帮助企业获得更多银行贷款。这种融资便利效应在规模小、成长快、固定资产少的高风险企业中体现得尤为明显[4]。总之，董事会的银行背景有助于企业获得银行贷款。本研究采用具有银行背景的董事的比例来衡量董事会的银行背景。

综上所述，董事会资本测度指标体系如表4-1所示。

[1] 魏锋，罗竹凤. 董事会政治背景对公司获得银行贷款的影响——基于中国中小企业板上市公司的实证研究[J]. 山西财经大学学报，2011(1)：101-108.

[2] 陈冬华. 地方政府、公司治理与补贴收入：来自我国证券市场的经验证据[J]. 财经研究，2003 (9)：16-22.

[3] 刘浩，唐松，楼俊. 独立董事：监督还是咨询？——银行背景独立董事对企业信贷融资影响研究[J]. 管理世界，2012(1)：141-156

[4] 苏灵，王永海，余明桂. 董事的银行背景、企业特征与债务融资[J]. 管理世界，2011(10)：176-177.

表4-1 董事会资本测度指标体系

指标类型	指标名称	编码	定义
董事会人力资本	董事会的受教育程度	A1	拥有硕士及其以上学位的董事的比例
	董事会的会计专业背景	A2	董事会中如果有具备CPA资格或高级会计师职称的董事则赋值为1，反之为0
	董事会的法律专业背景	A3	董事会中如果有具备律师资格的董事则赋值为1，反之为0
	董事会的CEO经验	A4	曾经担任CEO的董事的比例
	董事会的行业嵌入度	A5	具有本行业学习经历或工作经验的董事会成员的比例
	董事会背景的异质性程度	A6	董事的专业背景异质性程度与职业背景异质性程度的平均值，具体测度见公式（4.1）
董事会社会资本	董事会的网络密度	B1	平均每个月的董事会会议次数
	董事会与管理层之间的关系	B2	执行董事的比例
	董事会的连锁董事情况	B3	连锁董事在董事会中所占的比例
	董事会的政治背景	B4	具有政治背景的董事的比例
	董事会的银行背景	B5	具有银行背景的董事的比例

第五章 董事会人力资本影响企业绩效的实证研究

第四章构建了董事会人力资本的测度指标体系，为实证检验董事会人力资本与企业绩效的关系奠定了基础。尽管很多人都认同董事会人力资本在企业的发展中具有重要作用的经验性判断，但董事会人力资本对企业绩效关系的作用机制仍有待进一步探索。本章实证检验了董事会人力资本与企业绩效的关系，旨在进一步验证董事会人力资本对企业战略决策的重要作用。

第一节 董事会人力资本影响企业绩效的研究假设

董事会人力资本作为一种稀缺的、有价值的资源，是企业可持续竞争优势的来源。因此，可以从资源基础观视角来分析董事会人力资本对企业绩效的影响。另外，根据代理理论，董事会激励和CEO权力影响董事会人力资本对企业绩效的作用效果，因此，将董事会激励和CEO权力作为董事会人力资本与企业绩效关系的调节变量。

一、董事会人力资本综合指标与企业绩效

企业战略竞争的基本问题，就是如何利用资源创造价值。对于企业而言，在激烈的市场竞争中，如何展开持续竞争并维持绩效的长期差异？要做到这一点，根据资源基础观，企业必须具备两个前提：一是企业的资源禀赋具有异质性，二是这种异质性的资源禀赋在竞争性的要素

市场中流动不充分[1]。在这两个前提均具备的前提下，企业在VRIO模型（有价值、稀缺、不可替代、可组织）下进行价值创造。

董事会作为企业的最高决策机构，其人力资本对企业而言具有重要价值，而且这种人力资本是经过长期积累获得的，因而是稀缺的、不可替代的。因此，董事会人力资本可被用于组织价值创造活动。董事会人力资本作为企业的一种特殊的资源禀赋，难以在要素市场上进行货币量化，是一种专有性的无形资源。因此，具备VRIO模型特征的董事会人力资本，在企业实施战略的过程中，能够通过企业的战略管理和公司治理实践，建立起竞争对手难以模仿的竞争优势，最终提高企业的绩效。

随着体育产业的迅速发展，体育产业高层次人才越来越成为稀缺资源。企业占有了这一稀缺资源，便能够建立起竞争对手难以模仿的竞争优势[2]，使企业取得更好的绩效[3]。董事会作为体育产业上市公司最高层次人才的集合，其人力资本的大小直接影响着企业的绩效。因此，提出以下研究假设：

H1：董事会人力资本与企业绩效显著正相关。

二、董事会人力资本具体指标与企业绩效

第四章构建了董事会人力资本的测度指标体系，使用董事会的受教育程度、会计专业背景、法律专业背景、CEO经验、行业嵌入度、背景的异质性程度六个指标来衡量董事会的人力资本。为了深入分析究竟董事会人力资本的哪些方面对企业绩效的影响更大，有必要详细考察构成董事会人力资本的各个具体指标如何影响企业绩效。

[1]　高素英，周建．战略人力资本管理：揭开人力资源和绩效关系的“黑箱”[N]．中国社会科学报，2010-03-04.

[2]　白艳黎，陈林会．“十三五”时期我国体育产业人才建设:问题与思路[J]．贵州体育科技，2017(3)：1-5+9.

[3]　高素英，周建．战略人力资本管理：揭开人力资源和绩效关系的“黑箱”[N]．中国社会科学报，2010-03-04.

（一）董事会的受教育程度与企业绩效

董事会成员的受教育水平影响着团队成员的洞察力和信息处理能力。在洞察力方面，受教育水平越高，团队成员探索信息的水平和能力越强，面对复杂的市场环境时的洞察力就越强，越能够敏锐地识别出环境中存在的机会和威胁。在信息处理方面，受教育水平越高，团队成员获得的有效信息越多，对信息的吸收和处理能力就越强。

另外，董事会成员的受教育水平很大程度上决定了他们的技能和知识水平。董事会成员接受的教育水平越高，他们参与企业战略的程度就会越高，因为受教育水平高的董事会能够更好地利用外部信息、创造网络、利用外部咨询师，以及监控企业的会计系统[1]。同时，具有较高教育水平的团队更易于接受创新、容忍不确定性[2]，能够更有创造性地解决问题[3]。洞察力、信息处理能力、技能和知识水平、创新能力，对于董事会处理问题都会有直接的帮助，并对企业绩效产生积极的影响。因此，提出以下研究假设：

H1a：董事会的受教育程度和企业绩效正相关。

（二）董事会的会计专业背景与企业绩效

委托人与代理人之间的信息不对称，使得董事会发挥监督管理层的角色变得困难，增加了高管财务舞弊的可能性。具有会计专业背景的董事以其独有的专业知识、丰富的从业经验、对财务数据的敏感性，在企业进行战略决策、解聘不称职的CEO、发现潜在的财务问题、建立奖惩机制、限制不合理交易对企业造成的损失等方面发挥着重要的作用，能够在很大程度上降低代理成本，为提高企业绩效奠定

---

[1] Crabtree R G, Gomolka E G. Perceptual Barriers to Consultant Utilization: An Examination of Why Manufacturers don't Use Consultants and What can do about It [A]. Proceedings of the International Council for Small Business,1991: 76–84.

[2] Goll I, Johnson N B, Rasheed A A. Knowledge Capability, Strategic Change, and Firm Performance: The Moderating Role of the Environment [J]. Management Decision, 2007, 45(2): 161–179.

[3] Wincent J, Sergey A, Hakan B. Network Board Continuity and Effectiveness of Open Innovation in Swedish Strategic Small–firm Networks[J]. R & D Management, 2009, 39(1): 55–67.

基础。因此，提出以下研究假设：

H1b：具有会计专业背景的董事会所在企业绩效更好。

（三）董事会的法律专业背景与企业绩效

在企业进行经营时，常常因为不了解法律规则，引起不必要的争端。具有法律专业背景的董事以其独有的专业知识和对法律问题的敏感性，能够及时识别出企业在竞争中潜在的法律问题，并及时予以处理。当企业遭遇不公正待遇时，能够帮助企业进行有效的法律抗辩，维护企业的权益，减少因为法律风险带来的损失，从而提高企业的绩效。因此，提出以下研究假设：

H1c：具有法律专业背景的董事会所在企业绩效更好。

（四）董事会的CEO经验与企业绩效

董事会成员在其他公司担任CEO或总经理的经历，也是一个重要的资源，这种资源使他们能够更好地发挥战略作用。Rindova（1999）指出，由于以前担任CEO的专业经验，大多数董事已经形成了解决战略性问题的技能，这使他们能够更好地完成在董事会的战略性工作[1]。

根据资源基础观，在其他公司担任过CEO的董事形成了一种隐性知识，这种知识难以被竞争对手获得和模仿。董事带给董事会的以知识、经验和技能形式表现的无形资源，通过与公司层面的资源相结合，可能创造出核心竞争力。CEO经验的因果模糊性和社会复杂性使得它成为难以被其他企业复制的独特资源，这种资源在与其他人的资源进行互补时会变得更有价值。由于董事会成员在其他公司担任CEO的经历，他们成为企业获取外界关键信息的媒介，这些信息对于帮助企业识别在市场竞争中所面临的机会和威胁十分重要。这些有经验的董事能够帮助管理层规划和修正他们的战略行动[2]。

---

[1] Rindova V P. What Corporate Boards have to do with Strategy: A Cognitive Perspective[J]. Journal of Management Studies, 1999, 36(7): 953-975.

[2] Harrison J R. The Strategic Use of Corporate Board Committees[J]. California Management Review, 1987, 30: 109-125.

总之，担任CEO的经历使董事拥有了可供董事会利用的一系列技能和网络资源[1]。市场环境的复杂性使得董事在其他企业担任CEO的经历成为非常珍贵的资源，有助于提高企业管理复杂运营的能力。因此，提出以下研究假设：

H1d：董事会的CEO经验与企业绩效正相关。

（五）董事会的行业嵌入度与企业绩效

企业在市场竞争中面临的行业环境是异常复杂的，而具有企业所属行业专有经验的董事会成员，已形成对于行业环境的稳定的知识结构[2]，这有助于他们向管理层提供有关战略决策的建议。董事的行业专有知识能够帮助他们发现行业中出现的新机会，并评价管理层的提议[3]。同样重要的是，通过在某个行业学习或者任职，董事已经与其他的行业参与者（供应商、分销商、主要客户）形成良好的关系，这样的董事可以帮助企业获取成长所需的关键资源[4]。因此，董事以前在相同行业的学习或任职经历，能够使他们形成行业专有的知识和技能，以及网络关系，这有助于董事会更好地发挥在战略中的职能。因此，提出以下研究假设：

H1e：董事会的行业嵌入度与企业绩效正相关。

（六）董事会背景的异质性程度与企业绩效

董事在不同专业学习的经历，以及在不同行业、不同企业或同一企业的不同职能部门任职的经历，影响了他们的认知模式、知识结构

[1] Carpenter M, Sanders W, Gregersen G. Bundling Human Capital with Organizational Context: The Impact of International Assignment Experience on Multinational Firm Performance and CEO Pay[J]. Academy of Management Journal, 2001, 44: 493-511.

[2] Day D V, Lord R G. Expertise and Problem Categorization: The Role of Expert Processing in Organizational Sense Making[J]. Journal of Management Studies, 1992, 29: 35-47.

[3] Castanias R P, Helfat C E. The Managerial Rents Model: Theory and Empirical Analysis[J]. Journal of Management, 2001, 27: 661-678.

[4] Kor Y Y, Sundaramurthy C. Experience-Based Human Capital and Social Capital of Outside Directors [J]. Journal of Management. 2009,35(4):981-1006.

和工作取向[1]。这种与专业背景和职业背景相关的认知模式、知识模式和工作取向影响了董事对外部环境的理解，进而影响了他们的战略选择。因为董事会成员具有不同的专业背景和职业背景，意味着他们曾经接受的专业化培训和工作经验不同，认知模式和思考问题的角度也不尽相同，对企业的外部环境会产生不同的理解和观点，从而使董事会具有更为丰富的分析问题的角度和解决问题的备选方案[2]。

在进行战略决策时，企业面临的不确定因素多，势必需要跨越众多知识领域的董事会来识别外部环境中的机会与威胁，为企业制定科学的战略决策。董事会专业背景和职业背景的异质性有利于拓宽董事会的视野，提升董事会解决问题的整体能力，识别出更多的市场机会[3]。具有不同背景的董事在决策中能从不同的角度来审视和分析复杂的问题，避免群体思维，提高董事会的决策质量，降低决策风险。因此，提出以下研究假设：

H1f：董事会背景的异质性程度与企业绩效正相关。

三、董事会激励和CEO权力的调节作用

董事会能否忠实、勤勉、有效地履行股东托付的任务，一方面取决于董事会人力资本，它代表董事会履行职责的能力；另一方面还取决于董事会所受到的激励，它代表董事会履行职责的动力。董事会激励并不独立影响董事会的控制、服务与战略职能，但影响董事会人力资本与控制、服务及战略职能关系的量级和方向。董事会受到的激励不同，董事会人力资本对企业绩效的影响水平也会有所不同。董事会激励越大，董事会人力资本在企业绩效中发挥的作用越大。在中国，由于国有控股企业的董事很多都由国资委委派，董事会激励的作用不

[1] Hambrick D C, Msaon P A. Upper Echelons: The Organization as a Reflection of its Top Managers [J]. Academy of Management Review, 1984, 9(2) : 193–206.

[2] 马富萍，郭晓川．高管团队异质性与技术创新绩效的关系研究——以高管团队行为整合为调节变量[J]．科学学与科学技术管理, 2010(12)：186–191.

[3] 周建，任尚华，金媛媛．董事会资本对企业R & D支出的影响研究——基于中国沪深两市高科技上市公司的经验证据[J]．研究与发展管理, 2012 (1)：67–77.

如非国有控股企业的明显。因此，提出以下研究假设：

H2a：董事会激励正向调节董事会人力资本与企业绩效的关系。相对于国有控股企业，董事会激励对非国有控股企业董事会人力资本与企业绩效关系的调节作用更为显著。

董事会能否独立地履行职能，往往受到管理层权力，特别是CEO权力的影响。权力在战略决策制定、战略选择中起着关键的作用，一个权力较大的CEO可能会威胁到董事会的独立判断[4]，其偏好会抑制或者强化董事会对企业绩效的影响。当CEO权力较小时，CEO的偏好难以在企业的战略决策中得以体现；而当CEO相对于董事会权力较大时，CEO会影响董事会的独立决策[5]，CEO的偏好会抑制董事会对企业战略决策的影响[6]。例如，Golden & Zajac（2001）[7]发现，当CEO权力较大时，董事会对企业战略变革的积极影响就会变弱；Combs等（2007）发现，当CEO权力较大时，董事会对企业绩效的积极影响会被削弱[8]。类似地，当CEO权力较大时，CEO会抑制董事会人力资本对企业绩效的积极影响。因此，提出以下研究假设：

H2b：当CEO权力较大时，CEO权力负向调节董事会人力资本与企业绩效的关系。

由于董事会激励和CEO权力影响的是总体的董事会人力资本与企业绩效的关系（图5-1），考察他们对各个具体的董事会人力资本测度指标与企业绩效关系的影响并无太大意义，因此，这里不再一一考察

[4] 周建，金媛媛，袁德利．董事会人力资本、CEO权力对企业研发投入的影响研究——基于中国沪深两市高科技上市公司的经验证据 [J]．科学学与科学技术管理，2013(3)：170-180.

[5] Dalton D R, Kesner I F. Composition and CEO Duality in Boards of Directors: An International Comparison[J]. Journal of International Business Studies, 1987,18(3): 33-42.

[6] Boyd B K. Board Control and CEO Compensation[J]. Strategic Management Journal, 1994, 15(5): 335-344.

[7] Golden B R, Zajac E J. When will Boards Influence Strategy? Inclination × Power = Strategic Change[J]. Strategic Management Journal, 2001, 22(12): 1087-1111.

[8] Combs J G, Ketchen D J, Perryman A A, Donahue M S. The Moderating Effect of CEO Power on the Board Composition-firm Performance Relationship[J]. Journal of Management Studies, 2007, 44(8): 1229-1324.

董事会激励和CEO权力对各个具体的董事会人力资本测度指标与企业绩效关系的调节作用。

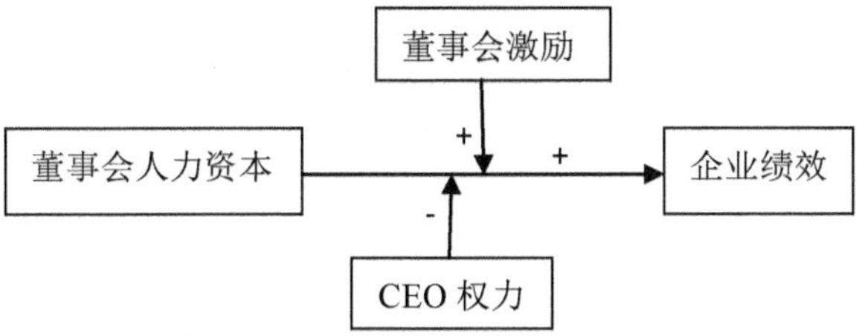

图5-1 董事会激励与CEO权力对董事会人力资本与企业绩效关系的调节作用

第二节　研究设计与模型构建

一、样本选择与数据来源

参考谭宏（2018）[1]的研究，本研究选择沪深两市2011—2016年的体育类概念股作为样本，选择的标准如下：①符合国家体育产业统计分类的相关规定；②体育概念整体覆盖全面并具有一定代表性；③公司年报发布全面，无遗漏，无重大财务纰漏；④剔除被 ST、SST 、S* ST 及 PT的公司；⑤剔除那些董事会人力资本相关数据披露不全的公司。根据以上标准，本研究筛选得到20家样本公司，其中沪市9家，深市11家，最后获得116个样本观察值。主要数据来源于国泰安（CSMAR）数据库中的公司研究系列数据库和人物特征系列数据库，部分数据来源于巨潮资讯网（www.cninfo.com.cn）的上市公司年报，以及互联网上有关上市公司的报道。

二、变量设计

本章主要考察董事会人力资本对企业绩效的影响，因此，因变量

[1]　谭宏. 竞争战略对体育产业上市公司绩效影响的实证研究[J]. 上海体育学院学报，2018(2)：59-65.

是企业绩效，自变量是董事会人力资本相关变量。董事会激励和CEO权力是调节变量。

（一）因变量

采用Tobin-Q作为因变量企业绩效（*PER*）的衡量指标。由于董事会人力资本的投入产出具有滞后性，因此，以下一年度的Tobin-Q值（TOB_{t+1}）测度企业绩效。

（二）自变量

根据第四章的分析，与董事会人力资本有关的变量采用以下方式测度。

董事会的受教育程度（*EDU*）：采用拥有硕士及其以上学位的董事的比例进行测度。

董事会的会计专业背景（*ACC*）：将董事会的会计专业背景设置为虚拟变量，董事会中如果有具备CPA资格或高级会计师职称的董事则赋值为1，反之为0。

董事会的法律专业背景（*LAW*）：将董事会的法律专业背景设置为虚拟变量，董事会中如果有具备律师资格的董事则赋值为1，反之为0。

董事会的CEO经验（*CEOE*）：采用曾经担任CEO的董事的比例进行测度。

董事会的行业嵌入度（*EMB*）：采用具有体育行业学习经历或工作经验的董事的比例进行测度。

董事会背景的异质性程度（*HET*）：采用董事的专业背景异质性程度与职业背景异质性程度两者的平均值进行测度。专业背景包括经济管理、科学工程、文学艺术、法律等；职业背景包括生产、财务、法律、技术、营销、行政管理、政府职员等。专业背景异质性水平（H_1）和职业背景异质性水平（H_2）采用公式（4.1）计算。然后将两者进行平均，便得到代表董事会背景异质性程度的*H*值，介于0和1之间。*H*值越大，表明董事会背景的异质性程度越高；*H*值越小，表明董事会背景的异质性程度越低。

董事会人力资本（*BHC*）：在多指标的测度体系中，由于各个测度指标之间的性质存在不同，通常具有不同的数量级和量纲。当各个指标间的数据水平相差很大时，若直接利用原始数据进行分析，就会导致较高数值的指标对综合数据分析的影响增大，而相对削弱了较低数值指标的影响。因此，为了保证实证结果的可靠性，需要对原始指标的数据进行标准化处理，建立无量纲的纯数值，从而便于不同量级或数量单位的指标能够进行加权和对比。通过将*EDU*、*ACC*、*LAW*、*CEOE*、*EMB*、*HET*六个指标进行离差标准化以后进行加总，得到董事会人力资本综合指标的数值。

（三）调节变量

董事会激励（*BI*）：使用董事会的权益激励和薪酬激励来测度董事会激励。权益激励采用董事会的持股比例来测度，薪酬激励采用金额最高的前三位董事的报酬之和来测度。对这两个指标的数值进行离差标准化，然后加总得到董事会激励的得分。

CEO权力（*CEOP*）：CEO权力是一个涉及多个方面的变量[1]。虽然不可能对CEO权力构念的所有可能维度都进行测度，但本研究找出了研究最多、得到最多文献支持的三个指标：任期、所有权和两职性[2]。CEO任期越长，所有权越大，CEO与董事长两职兼任，都会使CEO的权力较大。对于具体的指标，任期采用CEO的任职年限来测度；所有权采用CEO的持股比例来测度；两职性设为虚拟变量，CEO与董事长两职合一记为1，否则为0。借鉴Haynes & Hillman（2010）[3]的做法，对这些指标的数值进行离差标准化，然后加总得到CEO权力的得分。

[1] Finkelstein S. Power in Top Management Teams: Dimensions, Measurement, and Validation[J]. Academy of Management Journal, 1992 ,35(3):505-538.

[2] Combs J G, Ketchen D J, Perryman A A, Donahue M S. The Moderating Effect of CEO Power on the Board Composition-firm Performance Relationship[J]. Journal of Management Studies, 2007, 44(8): 1229-1324.

[3] Haynes K T, Hillman A. The Effect of Board Capital and CEO Power on Strategic Change[J]. Strategic Management Journal, 2010, 31(11): 1145-1163.

（四）控制变量

企业规模（*Lnsize*）：很多研究表明，企业规模与企业绩效呈正相关，因此，选择企业规模作为一个控制变量，采用企业总资产的自然对数来测度。

企业成长性（*Mb*）：由于企业成长性影响企业绩效[1]，因此，将企业成长性作为一个控制变量。借鉴周建等（2009）的做法，采用主营业务收入增长率测度企业成长性[2]。

实际控制人类型（*Os*）：由于企业的实际控制人类型影响企业绩效[3]，因此，将企业的实际控制人类型作为一个控制变量，设置为虚拟变量，国有控股企业记为1，非国有控股企业记为0。

董事会规模（*Bsize*）：规模较大的董事会具有更大的人力资本总量，能够为企业提供更多的资源。因此，将董事会规模作为一个控制变量，采用董事会的总人数来测度。

董事平均年龄（*Bage*）：年龄较长的董事具有更为丰富的经验，能为企业提供有价值的建议和意见。因此，将董事平均年龄作为一个控制变量。

年份（*Year*）：为了控制宏观经济环境对企业绩效的影响，将年份作为一个控制变量，以2011年作为基础年份，设置*Year12*、*Year13*、*Year14*、 *Year15*、*Year16*五个年度虚拟变量。

变量符号定义与测度如表5-1所示。

---

[1] 王迪，张红，李红辉.成长性对董事会治理与企业绩效关系的调节效应研究——以我国旅游上市公司为例[J]. 北京第二外国语学院学报，2014(9)：28-37.

[2] 周建，方刚，刘小元. 制度环境、公司治理对企业竞争优势的影响研究——基于中国上市公司的经验证据[J]. 南开管理评论，2009, 12(5)：18-27.

[3] 郝书辰，马恩涛. 产业集中度、企业所有制性质与企业绩效[J]. 山东大学学报(哲学社会科学版)，2012(4)：89-95.

表5-1 变量符号定义与测度

变量分组	变量名称	变量符号	变量测度
因变量	企业绩效	*PER*	下一年度的Tobin-Q值（TOB_{t+1}）
自变量	董事会人力资本	*BHC*	将*EDU*、*ACC*、*LAW*、*CEOE*、*EMB*、*HET*进行离差标准化以后进行加总
	董事会的受教育程度	*EDU*	拥有硕士及其以上学位的董事的比例
	董事会的会计专业背景	*ACC*	设置为虚拟变量，董事会中如果有具备CPA资格或高级会计师职称的董事则赋值为1，反之为0
	董事会的法律专业背景	*LAW*	设置为虚拟变量，董事会中如果有具备律师资格的董事则赋值为1，反之为0
	董事会的CEO经验	*CEOE*	曾经担任CEO的董事的比例
	董事会的行业嵌入度	*EMB*	具有体育行业学习经历或工作经验的董事的比例
	董事会背景的异质性程度	*HET*	董事的专业背景异质性程度与职业背景异质性程度的平均值，具体测度见公式（4.1）
调节变量	董事会激励	*BI*	对权益激励和薪酬激励进行离差标准化之后进行加总。权益激励采用董事会的持股比例来测度，薪酬激励采用金额最高的前三位董事的报酬之和来测度
	CEO权力	*CEOP*	将CEO任期、CEO所有权、CEO与董事长的两职性进行离差标准化之后进行加总。任期采用CEO的任职年限来测度；所有权采用CEO的持股比例来测度；两职性设为虚拟变量，CEO与董事长两职合一记为1，否则为0
控制变量	企业规模	*Lnsize*	企业总资产的自然对数
	企业成长性	*Mb*	主营业务收入增长率
	实际控制人类型	*Os*	设置为虚拟变量，国有控股企业记为1，非国有控股企业记为0
	董事会规模	*Bsize*	董事总人数
	董事平均年龄	*Bage*	董事年龄的平均值
	年份	*Year*	以2011年作为基础年份，设置*Year12*、*Year13*、*Year14*、*Year15*、*Year16*五个年度虚拟变量

三、模型构建

根据前面的理论分析，建立数据模型研究董事会人力资本对企业绩效的影响，使用多元回归分析检验研究假设，方程如下。

$$PER=a_0+a_1BHC+a_2Lnsize+a_3Mb+a_4Os+a_5Bsize+a_6Bage+a_7Year+\varepsilon_1 \quad (5.1)$$

$$PER=b_0+b_1EDU+b_2ACC+b_3LAW+b_4CEOE+b_5EMB+b_6HET+b_7Lnsize+b_8Mb+b_9Os+b_{10}Bsize+b_{11}Bage+b_{12}Year+\varepsilon_2 \quad (5.2)$$

$$PER=c_0+c_1BHC+c_2BI+c_3BHC\times BI+c_4Lnsize+c_5Mb+c_6Os+c_7Bsize+c_8Bage+c_9Year+\varepsilon_3 \quad (5.3)$$

$$PER=d_0+d_1BHC+d_2CEOP+d_3BHC\times CEOP+d_4Lnsize+d_5Mb+d_6Os+d_7Bsize+d_8Bage+d_9Year+\varepsilon_4 \quad (5.4)$$

其中，a_0、b_0、c_0、d_0为方程的截距，a_1~a_7、b_1~b_{12}、c_1~c_9、d_1~d_9为回归系数，ε_1、ε_2、ε_3、ε_4为残差。

方程（5.1）针对研究假设H1，检验董事会人力资本综合指标（*BHC*）对企业绩效（*PER*）的影响。

方程（5.2）针对假设H1a~H1f，检验各个具体的董事会人力资本指标（*EDU*、*ACC*、*LAW*、*CEOE*、*EMB*、*HET*）对企业绩效（*PER*）的影响。

方程（5.3）针对假设H2a，检验董事会激励（*BI*）对董事会人力资本综合指标（*BHC*）与企业绩效（*PER*）关系的调节作用。

方程（5.4）针对假设H2b，检验CEO权力（*CEOP*）对董事会人力资本综合指标（*BHC*）与企业绩效（*PER*）关系的调节作用。

第三节 实证回归结果与分析

一、变量的描述性统计与相关性分析

本研究运用STATA15.0软件进行数据分析。从表5-2的统计结果来看，企业绩效（*PER*）最大值为10.60，最小值为0.905，标准差为1.939，均值为2.951，说明样本公司的绩效差异较大。

董事会人力资本（*BHC*）最大值为4.770，最小值为1.540，标准差为0.754，表明样本公司之间董事会人力资本的悬殊较大。

董事会的受教育程度（*EDU*）最大值为1，最小值为0，均值为0.430，表明董事会中近半数的董事拥有硕士及硕士以上学位。

董事会的会计专业背景（*ACC*）均值为0.897，表明在样本企业中绝大多数的企业的董事会中都具有会计专业背景的董事，这与证监会颁布的《关于在上市公司建立独立董事制度的指导意见》（证监发〔2001〕102号）中“董事会中至少包括一名会计专业人士”的要求还有一定差距。

董事会的法律专业背景（*LAW*）均值为0.595，表明样本企业中超过半数的企业的董事会中都具有法律专业背景的董事。

董事会的CEO经验（*CEOE*）最大值为0.890，最小值为0.110，标准差为0.160，表明样本企业董事会的CEO经验总体上差异不大。

董事会的行业嵌入度（*EMB*）最大值为0.670，最小值为0，均值为0.112，标准差为0.174，表明董事会中具有体育行业工作经验的董事的比例较低。

董事会背景的异质性程度（*HET*）最大值为0.890，最小值为0.110，均值为0.546，标准差为0.172，表明样本企业董事会背景的异质性总体上适中。

就调节变量而言，董事会激励（*BI*）的最大值为1.530，最小值为0，均值为0.225，总体上水平不高。CEO权力（*CEOP*）最大值为

2.200，最小值为0，标准差为0.636，表明样本企业中CEO权力水平的差异较大。

从表5-2来看，变量之间的标准差总体上不高；从变量的Pearson相关系数矩阵（表5-3）来看，除了董事会人力资本综合指标（*BHC*）与董事会人力资本的各具体指标显著相关以外，其他各变量之间的相关性总体上比较低，适合做进一步的实证分析。

表5-2 变量的描述性统计

变量	最小值	最大值	均值	标准差
PER	0.905	10.60	2.951	1.939
BHC	1.540	4.770	3.127	0.754
EDU	0	1	0.430	0.244
ACC	0	1	0.897	0.306
LAW	0	1	0.595	0.493
CEOE	0.110	0.890	0.484	0.160
EMB	0	0.670	0.112	0.174
HET	0.110	0.890	0.546	0.172
BI	0	1.530	0.225	0.309
CEOP	0	2.200	0.692	0.636
Lnsize	18.83	25.15	21.58	1.302
Mb	−0.649	5.076	0.273	0.754
Os	0	1	0.496	0.502
Bsize	5	19	10.46	2.905
Bage	37	61	50.85	4.410

表5-3 变量间的Pearson相关系数矩阵

	PER	*BHC*	*EDU*	*ACC*	*LAW*	*HET*	*CEOE*	*EMB*	*BI*	*CEOP*	*Lnsize*	*Mb*	*Os*	*Bsize*	*Bage*
PER	1														
BHC	0.116	1													
EDU	-0.165^{*}	0.295^{***}	1												
ACC	0.058	0.439^{***}	0.069	1											
LAW	0.007	0.616^{***}	-0.222^{**}	0.066	1										
HET	0.223^{**}	0.737^{***}	0.119	0.170^{*}	0.441^{***}	1									
CEOE	−0.092	0.085	−0.106	-0.205^{**}	−0.142	0.096	1								
EMB	0.298^{***}	0.250^{***}	0.244^{***}	−0.075	-0.243^{***}	0.069	−0.015	1							
BI	0.213^{**}	0.286^{***}	0.349^{***}	0.058	−0.153	0.217^{**}	0.067	0.494^{***}	1						
CEOP	0.190^{**}	0.322^{***}	0.148	0.058	0.050	0.217^{**}	0.095	0.374^{***}	0.290^{***}	1					
Lnsize	-0.471^{***}	-0.272^{***}	0.219^{**}	0.177^{*}	-0.422^{***}	-0.291^{***}	0.051	-0.197^{**}	0.059	−0.034	1				
Mb	0.134	0.032	−0.120	0.084	0.081	0.059	−0.097	−0.018	0.053	−0.047	−0.151	1			
Os	-0.269^{***}	-0.178^{*}	0.080	0.145	-0.166^{*}	-0.339^{***}	−0.034	−0.122	-0.245^{***}	-0.309^{***}	0.478^{***}	−0.075	1		
Bsize	−0.085	−0.004	-0.169^{*}	−0.025	0.124	0.102	0.069	-0.200^{**}	−0.038	0.095	0.212^{**}	−0.077	0.132	1	
Bage	-0.233^{**}	-0.320^{***}	-0.277^{***}	0.034	−0.108	-0.163^{*}	−0.060	-0.317^{***}	-0.326^{***}	−0.114	0.398^{***}	−0.069	0.338^{***}	0.347^{***}	1

注：*、**和***分别表示10%、5%和1%的显著性水平（双尾检验），下同

二、多元回归分析

（一）主效应的多元回归分析

根据方程（5.1）和方程（5.2），采用最小二乘法（OLS）分析董事会人力资本综合指标（*BHC*）和各个具体指标与企业绩效（*PER*）的关系，如表5-4所示。

表5-4　主效应的多元回归分析结果

	模型5.1	模型5.2	模型5.3
Constant	14.602***	−10.11	−12.65
	(3.002)	(8.966)	(9.373)
BHC		1.019**	
		(0.407)	
EDU			1.311
			(1.411)
ACC			0.767
			(0.623)
LAW			−0.848
			(0.536)
CEOE			2.236**
			(1.075)
EMB			6.393***
			(2.272)
HET			3.542***
			(1.211)
Lnsize	−0.523***	0.982***	0.377
	(0.133)	(0.262)	(0.353)
Mb	0.437**	−0.537***	−0.238
	(0.178)	(0.135)	(0.176)
Os	−0.088	−4.563**	−2.339
	(0.329)	(1.705)	(1.902)
Bsize	−0.031	0.168**	0.108
	(0.055)	(0.0678)	(0.0672)
Bage	−0.012	−0.232*	0.0223
	(0.039)	(0.126)	(0.0965)

续表

	模型5.1	模型5.2	模型5.3
Year	control	control	control
Adjust R^2	0.382	0.536	0.543
*F*值	7.444***	5.847***	5.353***

注：*、** 和*** 分别表示10%、5% 和1% 的显著性水平；（ ）内为t值，并经怀特异方差修正（White检验），下同

模型5.1仅包含控制变量，模型5.2包含董事会人力资本综合指标（*BHC*）和控制变量，模型5.3包含董事会人力资本各个具体指标和控制变量。通过回归结果可以看出，自变量的方差膨胀因子（VIF）均小于2，远低于普遍可接受限值10，说明数据不存在多重共线性。DW值均在1.7~1.8，说明模型均不存在显著的自相关关系。但经White检验，模型均存在一定的异方差问题，因此，采用稳健标准误法修正原OLS的标准差。

结果表明，模型5.2和模型5.3的F值均是显著的，$AdjustR^2$分别达到53.6%和54.3%。模型5.2的结果显示，董事会人力资本综合指标（*BHC*）与企业绩效（*PER*）显著正相关（a_1=1.019，P<0.05）。模型5.3的结果显示，董事会的受教育程度（*EDU*）与企业绩效（*PER*）的关系不显著（b_1=1.311，$P > 0.1$），董事会的会计专业背景（*ACC*）与企业绩效（*PER*）的关系不显著（b_2=0.767，$P > 0.1$），董事会的法律专业背景（*LAW*）与企业绩效（*PER*）的关系也不显著（b_3=−0.848，$P > 0.1$），董事会的CEO经验（*CEOE*）与企业绩效（*PER*）显著正相关（b_4=2.236，$P<0.05$），董事会的行业嵌入度（*EMB*）与企业绩效（*PER*）显著正相关（b_5=6.393，$P<0.01$）。董事会背景的异质性程度（*HET*）与企业绩效（*PER*）显著正相关（b_6=3.542，$P<0.01$）。

（二）调节效应的多元回归分析

根据方程5.3，分析董事会激励（*BI*）对董事会人力资本综合指标（*BHC*）与企业绩效（*PER*）的调节效应。首先对自变量和控制变量进行均值中心化处理，然后构建回归模型，并对国有控股样本和非国有控股样本分别进行分析（表5-5）。

表5-5 董事会激励（*BI*）调节效应的多元回归分析

	全样本		国有控股样本		非国有控股样本	
	模型5.4	模型5.5	模型5.6	模型5.7	模型5.8	模型5.9
Constant	−21.89	−27.27	17.66*	13.93	25.31***	−16.60
	(19.51)	(22.52)	(11.05)	(10.23)	(8.923)	(11.51)
BHC	2.078***	1.458***	1.429*	1.643*	1.258*	2.285**
	(0.584)	(0.464)	(0.474)	(0.489)	(0.276)	(1.001)
BI	0.162	4.800	−2.488	−0.833	0.034	8.781
	(0.114)	(4.296)	(6.944)	(1.314)	(0.057)	(8.700)
BHC×BI		1.089		−0.031		−0.901
		(1.549)		(0.061)		(1.184)
Lnsize	−0.472	−0.592	2.547*	−0.796**	−1.072***	−0.822
	(0.713)	(0.885)	(1.061)	(0.336)	(0.347)	(1.219)
Mb	−0.456	−0.651	1.080	−0.055	0.0601	−1.546***
	(0.326)	(0.409)	(1.531)	(0.165)	(0.288)	(0.504)
Os	9.095*	16.56**				
	(5.063)	(6.913)				
Bsize	−0.158	−0.146	−0.282**	−0.020	−0.146	−0.353*
	(0.113)	(0.102)	(0.0857)	(0.057)	(0.115)	(0.181)
Bage	0.336**	0.362*	0.638*	0.163	0.037	0.564**
	(0.158)	(0.197)	(0.267)	(0.116)	(0.060)	(0.244)
Year	control	control	control	control	control	control
Adjust R^2	0.111	0.112	0.163	0.165	0.092	0.093
*F*值	3.018***	9.988***	3.872***	7.214***	5.841***	2.975***

模型5.4包含董事会人力资本综合指标（*BHC*）、董事会激励（*BI*）和控制变量。模型5.5在模型5.4的基础上增加了董事会人力资本综合指标（*BHC*）与董事会激励（*BI*）的交互项。模型5.6包含国有控股样本中的董事会人力资本综合指标（*BHC*）、董事会激励（*BI*）和控制变量。模型5.7在模型5.6的基础上增加了董事会人力资本综合指标（*BHC*）与董事会激励（*BI*）的交互项。模型5.8包含非国有控股样本中的董事会人力资本综合指标（*BHC*）、董事会激励（*BI*）和控制变量。模型5.9在模型5.8的基础上增加了董事会人力资本综合指标

（*BHC*）与董事会激励（*BI*）的交互项。

通过回归结果可以看出，所有自变量与交互项的方差膨胀因子（VIF）均在2~3，说明数据不存在明显的多重共线性。DW值均在1.7~2.0的范围内，说明模型不存在显著的自相关关系。经White检验，模型亦不存在严重的异方差问题。

结果表明，模型5.4~5.9的F值均是显著的，全样本模型的$Adjust R^2$在11.2%左右，国有控股样本模型的$Adjust\ R^2$在16.4%左右，而非国有控股样本的Adjust R^2较低，在9.3%左右。可以看出，无论是在全样本中，还是在国有控股样本和非国有控股样本中，董事会人力资本综合指标（*BHC*）均与企业绩效（*PER*）正相关，而董事会激励（*BI*）与企业绩效（*PER*）的关系不显著，交互项（*BHC*×*BI*）与企业绩效（*PER*）的关系亦不显著。这表明董事会激励对董事会人力资本与企业绩效关系的调节作用不显著。

根据方程5.4，分析CEO权力（*CEOP*）对董事会人力资本综合指标（*BHC*）与企业绩效（*PER*）关系的调节效应。首先对自变量和控制变量进行均值中心化处理，然后构建回归模型（表5-6）。模型5.10包含董事会人力资本综合指标（*BHC*）、CEO权力（*CEOP*）和控制变量，模型5.11在模型5.10的基础上增加了董事会人力资本综合指标（*BHC*）与CEO权力（*CEOP*）的交互项。为了进一步考察不同水平的CEO权力对董事会人力资本与企业绩效关系的调节效应有何不同，本研究将CEO权力分为高低两个水平，借鉴Dalziel等（2011）[1]的做法，将数值高于平均值（0.692）界定为高CEO权力，记为1，将数值等于或低于平均值界定为低CEO权力，记为0，并对两组样本分别进行回归分析，得到模型5.12和模型5.13（低CEO权力组）与模型5.14和模型5.15（高CEO权力组）。

[1]　Dalziel T, Gentry R J, Bowerman M. An Integrated Agency-Resource Dependence View of the Influence of Directors' Human and Relational Capital on Firms' R & D Spending[J]. Journal of Management Studies, 2011, 48 (6):1217-1242.

表5-6 CEO权力（*CEOP*）调节效应的多元回归分析

	全样本		低CEO权力组		高CEO权力组	
	模型5.10	模型5.11	模型5.12	模型5.13	模型5.14	模型5.15
Constant	−2.808	14.92***	15.97***	12.51**	−14.15	−0.284
	(10.07)	(3.540)	(4.604)	(4.971)	(9.376)	(6.856)
BHC	0.668*	0.174	−0.151	0.388	−0.362	2.144
	(0.349)	(0.338)	(0.291)	(0.431)	(0.485)	(1.784)
CEOP	0.441	2.494**	0.665*	3.286**	6.475	8.454**
	(0.510)	(1.139)	(0.370)	(1.608)	(3.714)	(4.123)
BHC×CEOP		−0.607*		0.828*		−2.305*
		(0.341)		(0.495)		(1.394)
Lnsize	0.00996	−0.437***	−0.433**	−0.349*	0.503	−0.00670
	(0.383)	(0.146)	(0.193)	(0.196)	(0.286)	(0.300)
Mb	−0.130	0.0623	0.0272	0.0783	−0.420	0.428
	(0.191)	(0.223)	(0.264)	(0.261)	(0.318)	(0.536)
Os	−1.223	0.110	0.124	0.0691	4.243	−1.211
	(2.091)	(0.353)	(0.435)	(0.428)	(4.503)	(0.860)
Bsize	0.0237	−0.0278	−0.00136	−0.0253	0.140	−0.337**
	(0.0701)	(0.0568)	(0.0706)	(0.0708)	(0.100)	(0.136)
Bage	0.0575	−0.0742*	−0.0807	−0.0755	−0.160	−0.0240
	(0.103)	(0.0403)	(0.0532)	(0.0523)	(0.223)	(0.0866)
Year	control	control	control	control	control	control
Adjust R^2	0.163	0.166	0.158	0.159	0.173	0.175
*F*值	4.241***	3.739***	2.085***	2.221***	3.221***	3.068***

数据来源：本研究整理

通过回归结果可以看出，所有自变量与交互项的方差膨胀因子（VIF）均在2.0左右，说明数据不存在明显的多重共线性。DW值均在1.8~2.1，说明模型不存在显著的自相关关系。经White检验，模型5.10至模型5.15存在不同程度的异方差问题，因此，采用稳健标准误法修正原OLS的标准差。结果显示，所有模型的F值均是显著的，全样本组的*Adjust* R^2在16.5%左右，低CEO权力组的*Adjust* R^2在15.9%左右，高CEO权力组的*Adjust* R^2在17.4%左右。

模型5.10的结果显示，董事会人力资本综合指标（*BHC*）与企业绩效（*PER*）显著正相关（d_1=0.668，P<0.1），CEO权力（*CEOP*）与企业绩效（PER）的关系不显著（d_2=0.441，P>0.1）。模型5.11的结果显示，董事会人力资本综合指标（*BHC*）与企业绩效（*PER*）的关系不显著（d_1=0.174，P>0.1），而交互项（*BHC*×*CEOP*）与企业绩效（*PER*）显著负相关（d_3=−0.607，P<0.1）。低权力组的模型5.13结果显示，董事会人力资本综合指标（*BHC*）和企业绩效（*PER*）的关系不显著（d_1=0.388，P>0.1），而交互项（*BHC*×*CEOP*）与企业绩效（*PER*）显著正相关（d_3=0.828，P<0.1）；高权力组的模型5.15结果显示，董事会人力资本综合指标（*BHC*）与企业绩效（*PER*）的关系不显著（d_1=2.144，P>0.1），而交互项（*BHC*×*CEOP*）与企业绩效（*PER*）显著负相关（d_3=−2.305，P<0.1）。这些结果表明，CEO权力（*CEOP*）对董事会人力资本综合指标（*BHC*）与企业绩效（*PER*）之间的关系具有调节效应。较小的CEO权力正向调节董事会人力资本与企业绩效的关系，较大的CEO权力负向调节董事会人力资本与企业绩效的关系。

三、多元回归结果与讨论

（一）实证结果小结

本章的实证研究结果表明，董事会人力资本与企业绩效正相关。具体到各个指标，董事会的CEO经验、行业嵌入度、背景的异质性程度均与企业绩效显著正相关，而董事会的受教育程度、董事会的会计专业背景、法律专业背景与企业绩效的关系不显著。就调节效应而言，无论是在国有控股企业还是在非国有控股企业，董事会激励对董事会人力资本与企业绩效关系的调节作用均不显著。当CEO权力较小时，CEO权力正向调节董事会人力资本与企业绩效的关系；当CEO权力较大时，CEO权力负向调节董事会人力资本与企业绩效的关系。

本章的假设验证结果如表5–7所示。

表5-7 假设验证结果

研究假设	验证结果
H1：董事会人力资本与企业绩效正相关	支持
H1a：董事会的受教育程度和企业绩效正相关	不支持
H1b：具有会计专业背景的董事会所在企业绩效更好	不支持
H1c：具有法律专业背景的董事会所在企业绩效更好	不支持
H1d：董事会的CEO的经验与企业绩效正相关	支持
H1e：董事会的行业嵌入度与企业绩效正相关	支持
H1f：董事会背景的异质性程度与企业绩效正相关	支持
H2a：董事会激励正向调节董事会人力资本与企业绩效的关系。相对于国有控股企业，董事会激励对非国有控股企业董事会人力资本与企业绩效关系的调节作用更为显著	不支持
H2b：当CEO权力较大时，CEO权力负向调节董事会人力资本与企业绩效的关系	支持

（二）主效应的回归结果与讨论

董事会人力资本总体上与企业绩效显著正相关，假设H1得到支持。结果表明，董事会人力资本越大，企业绩效越高。这与Barney & Wright（1998）的观点是一致的，他们认为人力资源是具备VRIO模型特征的异质性资源，对企业持续竞争优势的获得具有决定性的作用[1]。董事会的人力资本作为企业的无形资源，直接影响企业竞争优势的获得。

对于董事会人力资本的各个具体指标，董事会的受教育程度（*EDU*）与企业绩效（*PER*）的关系不显著，假设H1a没有得到支持。这可能是因为在中国上市公司中，相当一部分的独立董事是高校教授，他们中的一些人尽管有着硕士、博士学位，但从事的研究过于理论化，与实践脱节严重，难以为企业提供有价值的建议。另外，一些董事虽然通过在职的EMBA教育获得了硕士学位，但由于工作繁忙，在学习方面投入的精力过少，因此，他们虽然接受了研究生教育，但在知识和技能方面未有明显提高，与没有硕士、博士学位的董事为企业价值做出的贡献并无明显差异。

[1] Barney J,Wright P M. On Becoming a Strategic Partner: The Role of Human Resources in Gaining Competitive Advantage[J]. Human Resource Management,1998, 37(1): 31–46.

董事会的会计专业背景（*ACC*）、董事会的法律专业背景（*LAW*）与企业绩效（*PER*）的关系不显著，假设H1b、H1c没有得到支持。这可能是由于当企业面临会计问题或遭受法律诉讼时，仅靠董事会中具有会计专业背景或法律专业背景的董事难以解决问题，往往需要聘请专业机构处理相关会计事务或法律事务。因此，董事会的会计专业背景或法律专业背景对企业绩效的影响并不显著。

董事会的CEO经验（*CEOE*）与企业绩效（*PER*）显著正相关，假设H1d得到支持。董事会成员如果曾经是其他企业的CEO，能够给董事会带来新思想，增加新观点，减少董事会战略决策制定过程中的内部偏见[1]。此外，董事关于其他企业的决策经验可能会消除竞争的盲点[2]，这对于保证企业在市场上的竞争力是十分关键的。

董事会的行业嵌入度（*EMB*）与企业绩效（*PER*）显著正相关，假设H1e得到支持。具有体育行业工作经验的董事对于行业的竞争规则、技术环境、客户需求更为熟悉，能够帮助企业更好地把握市场中的机会，识别潜在的风险，从而提高企业绩效。

董事会背景的异质性程度（*HET*）与企业绩效（*PER*）显著正相关，假设H1f得到支持。异质性意味着多元化的信息来源，更多样化的视角、价值观、经验和信念，使董事会能够集思广益，增加战略决策的创新性和创造性，进而提高企业绩效。

（三）调节效应的回归结果与讨论

董事会激励（*BI*）对董事会人力资本综合指标（*BHC*）与企业绩效（*PER*）关系的调节作用不显著，假设H2a没有得到支持。这可能是由于人力资本总是自发地寻求实现自我的市场，无须过多地施加外力，便可不自觉地发挥作用[3]。这在一定程度上也体现了马斯洛的需

[1] Rindova V P. What Corporate Boards have to do with Strategy: A Cognitive Perspective[J]. Journal of Management Studies, 1999, 36(7): 953-975.

[2] Zajac E, Bazerman M. Blind Spots in Industry and Competitor Analysis: Implications of Interfirm Misperceptions for Strategic Decisions[J]. Academy of Management Review, 1991 ,16: 37-56.

[3] 周其仁. 不承认企业家人力资本价值会怎样 [J]. 中国企业家, 2005(5): 54-57.

要层次理论。即在自我实现层次，人有一种追求个人能力极限的内驱力。这种需要一般表现在两个方面，一是胜任感，即人们力图控制事物或环境，而不是被动地等待事物的发生与发展；二是成就感，有这种需要的人认为成功的喜悦比任何报酬都大，他们更注重结果。

CEO权力（*CEOP*）对董事会人力资本综合指标（*BHC*）与企业绩效（*PER*）之间的关系总体上具有负向的调节作用。较小的CEO权力正向调节董事会人力资本与企业绩效的关系，较大的CEO权力负向调节董事会人力资本与企业绩效的关系,假设H2b得到支持。适度的CEO权力可以使CEO与董事会健康对话，形成良性互动，有利于提高战略决策质量。当CEO权力较大时，特别是当CEO与董事长两职兼任时，CEO控制了整个企业战略的制定和实施，甚至通过董事选举的提名程序影响董事选任，使董事会对其忠诚。虽然董事会可以在企业突发危机情况下发挥一定作用，但企业的控制权仍掌握在管理层手中，董事会实质上只是一个法律虚拟体，所发挥的不过是“橡皮图章”的作用，甚至为了迎合CEO，做出不利于企业长远发展的战略提议。因此，较大的CEO权力会抑制董事会人力资本在企业绩效中的作用。

第六章　董事会社会资本影响企业绩效的实证研究

第四章构建了董事会社会资本的测度指标体系，为实证检验董事会社会资本与企业绩效的关系奠定了基础。本章实证检验了董事会社会资本与企业绩效的关系，旨在进一步证明董事会社会资本对企业成功的重要作用。

第一节　董事会社会资本影响企业绩效的研究假设

董事会社会资本是企业的一种资源获取机制，能够帮助企业获取组织生存和发展所需要的关键资源，减少企业对外部环境的依赖性。因此，可以从资源依赖理论视角来分析董事会社会资本对企业绩效的影响。另外，根据代理理论，董事会激励影响董事会社会资本对企业绩效的作用程度和效果，因此，将董事会激励作为董事会社会资本与企业绩效的调节变量。

一、董事会社会资本综合指标与企业绩效

企业要获得生存和发展，不仅需要自身的资源积累，还需要从外部环境中获得大量的关键资源。由于环境中的资源是有限的，不足以供应所有的企业消耗，因而那些能够获得较多资源的企业便拥有较大的自主性，并能够对其他资源缺乏的组织施加影响。因此，企业总试图寻求一个可以影响关键资源供应的稳定的方法，以减小对外部关键

资源供应组织的依赖程度[1]。

市场环境具有很大的不确定性，企业需要频繁地与环境互动，以获得更多的外部资源支持，并减少或避免环境变化带来的冲击。董事会作为联系企业与外部环境的“桥梁”，成为影响企业外部关键资源供应的重要机制，而董事会影响企业关键资源供应的能力，受制于其社会关系网络。董事会社会资本有助于董事会获得更为充分的信息，更为敏锐地识别问题，更迅速地找到那些有价值的、稀缺的、难以模仿的和可组织的资源（VRIO模型），并帮助企业有效利用这些资源，从而帮助企业在市场竞争中获得优势，提高企业的绩效。因此，提出以下研究假设：

H3：董事会社会资本与企业绩效正相关。

二、董事会社会资本具体指标与企业绩效

第四章构建了董事会社会资本的测度指标体系，选择五个关键性的指标对董事会的社会资本进行测度：董事会的网络密度、与管理层之间的关系、连锁董事情况、政治背景、银行背景。为了深入分析究竟董事会社会资本的哪些方面对企业绩效的影响更大，有必要详细考察构成董事会社会资本的各个指标如何影响企业绩效。

（一）董事会的网络密度与企业绩效

在市场竞争环境中，董事会面临着更为复杂的、相互影响的任务，董事会成员之间关系的密切程度（董事会的网络密度）可能会影响这些任务的执行效果。当董事会的网络密度较大时，董事会成员之间彼此的信任程度较高，这有利于他们展开充分的讨论，集思广益，提高决策质量。

此外，当董事会的网络密度较大时，董事会作为一个整体的团队性和凝聚力就会较强，沟通和协调就会更为容易，在进行战略决策

[1] Pfeffer J, Salancik G R. The External Control of Organizations: A Resource-dependence Perspective[M]. New York: Harper & Row, 1978.

时，董事会成员容易达成共识，有利于提高决策效率。决策质量和决策效率直接影响企业绩效。因此，提出以下研究假设：

H3a：董事会的网络密度与企业绩效正相关。

（二）董事会与管理层之间的关系与企业绩效

伴随着战略的实施，企业的信息处理难度加大。客户、竞争对手和供应商的多样化，增加了信息的容量、种类和分散程度[1]。管理层是战略的主要执行者，不得不把注意力分散于不同的目标市场，处理企业在竞争环境中所面临的复杂性信息，包括大量不同的，甚至相互冲突的信息，这对管理层的信息处理能力提出了挑战。

如果董事会与管理层之间的关系较为密切，董事会就可以把从外界环境中获取的信息及时传递给管理层，提高管理层的环境扫描能力和信息处理能力。另外，由于彼此信任，管理层更容易接受董事会对运营过程中的问题提出的建议和指导，两个团队齐心协力推动企业的发展，提高企业的绩效。因此，提出以下研究假设：

H3b：董事会与管理层之间关系的密切程度与企业绩效正相关。

（三）董事会的连锁董事情况与企业绩效

根据资源依赖理论，资源是约束企业生存与发展的重要因素，某些稀缺资源甚至决定了企业有无核心竞争力。通过在其他企业董事会担任职务，董事能够从外部获取有用的信息和资源，从而为企业的战略决策提供重要的依据。

随着战略的实施，外部竞争环境更为复杂，使企业董事会之间的联系成为企业竞争优势的新来源。通过建立董事会之间的联系，企业之间可以共享资源与信息，从而降低外部环境的不确定性。O'Hagan & Green（2004）认为企业之间互派连锁董事有利于企业间的知识传递，

[1] Sanders W M, Carpenter M A. Internationalization and Firm Governance: The Roles of CEO Compensation, Top Team Composition, and Board Structure[J]. Academy of Management Journal,1998, 41 (2):158–178.

这种知识传递能有效促进组织创新[1]。建立董事会之间的联系能够帮助企业从多个途径获得关于其他企业、行业环境的信息，提高企业对资源和环境的把握能力，制定更为科学和可行的战略决策，从而提高企业的绩效。连锁董事关系是建立董事会之间联系的重要机制，因此，提出以下研究假设：

H3c：连锁董事在董事会中所占比例与企业绩效正相关。

（四）董事会的政治背景与企业绩效

尽管随着政府职能的转变和国资监管体制的改革，中国的市场化改革逐步深化，政府对经济活动干预作用有所减弱，但由于地方政府产权保护等因素的存在，政府对资源分配、企业投融资活动的影响依然很大。丁重与张耀辉（2009）指出，企业与政府的关系越强，就越容易获得制度上的倾斜[2]。企业的政治关系甚至可以帮助企业获得税收减免与政府补助[3]。这种关系的建立往往通过某一种纽带，如企业高层。因此，企业为了获取利益，便设法通过董事会与政府建立某种联系。

具有政治背景的董事享有信息优势，可以搭建企业和政府之间的“桥梁”，这不仅可以帮助企业争取到更多的稀缺资源和政策上的便利，还能帮助企业化解各种危机，平稳度过困难期。因此，提出以下研究假设：

H3d：董事会的政治背景与企业绩效正相关。

（五）董事会的银行背景与企业绩效

在企业实施战略时，对资金的需求量将更为迫切。由于银行贷款的融资成本较低，大量的企业都会申请银行贷款，银行贷款成为稀缺

[1] O'Hagan S, Green M B. Corporate Knowledge Transfer via Interlocking Directorates: A Network Analysis Approach[J]. Geoforum, 2004, 35(1): 127-139.

[2] 丁重，张耀辉．制度倾斜、低技术锁定与中国经济增长[J]．中国工业经济，2009(11):16-24.

[3] Shleifer A, Vishny R W. Politicians and Firms [J]. Quarterly Journal of Economics, 1994, 109(4): 995-1025.

资源。在中国，在企业获取从事生产所需要的稀缺资源中，企业的社会关系起着重要的作用。对于银行来说，其贷款决策不仅取决于企业的财务和经营状况，还取决于企业与银行之间的社会关系。当企业和银行关系较为密切时，银行可以从与企业的非正式关系中更为充分地掌握企业的信息，获得信息租金；企业也可以向银行释放信息，争取低成本贷款，获得银行的资金支持[4]。

具有银行任职背景的董事积累的人际关系，充当了企业的社会资本，在企业与银行讨价还价的过程中，这种原本属于个体的关系资源转化为企业获取贷款的能力的来源。另外，具有银行任职背景的董事具有丰富的投融资知识，他们可以利用自身的专业知识和技能，指导企业融资，降低融资成本和投资风险，进而提高企业的绩效。因此，提出以下研究假设：

H3e：董事会的银行背景与企业绩效正相关。

三、董事会激励和CEO权力的调节作用

尽管一些董事会具有丰富的社会资本，但是他们未必愿意将这些社会资本为企业所用，这很大程度上受到董事会激励的影响。董事会激励关系到董事会履行职责的动力，它并不直接影响企业绩效，但影响董事会社会资本介入企业战略的效果。董事会受到的激励不同，董事会社会资本对企业绩效的影响程度也会有所不同。董事会激励越大，董事会社会资本在企业战略中发挥的作用越大。在中国，由于国有控股企业的董事很多都由国资委委派，董事会激励的作用不如非国有控股企业的明显。因此，提出以下研究假设：

H4a：董事会激励正向调节董事会社会资本与企业绩效的关系。相对于国有控股企业，董事会激励对非国有控股企业董事会社会资本与企业绩效关系的调节作用更为显著。

董事会和CEO是公司治理的两个关键要素，两者之间的关系会影

[4]　苏灵，王永海，余明桂．董事的银行背景、企业特征与债务融资[J]．管理世界，2011(10)：176–177.

响企业的战略选择，进而影响企业绩效[1]。董事会与CEO的关系往往受到两者之间相对权力的影响。Pearce & Zahra（1991）研究发现，当CEO权力较大时，董事会的履职能力就会受到影响，有效性就会降低。特别是，外部董事依赖CEO提供的内部信息制定决策，但权力较大的CEO可能不愿意为外部董事提供充分的信息，这将导致董事会因信息不对称而做出不利于企业价值增加的战略决策[2]。一个权力较大的CEO可能会威胁到董事会的独立判断，抑制董事会社会资本对企业绩效的积极影响。因此，提出以下研究假设：

H4b：当CEO权力较大时，CEO权力负向调节董事会社会资本与企业绩效的关系。

由于董事会激励和CEO权力影响的是总体的董事会社会资本与企业绩效的关系（图6-1），考察他们对各个具体的董事会社会资本测度指标与企业绩效关系的影响并无太大意义，因此，这里不再一一考察董事会激励和CEO权力对各个具体的董事会社会资本测度指标与企业绩效关系的调节作用。

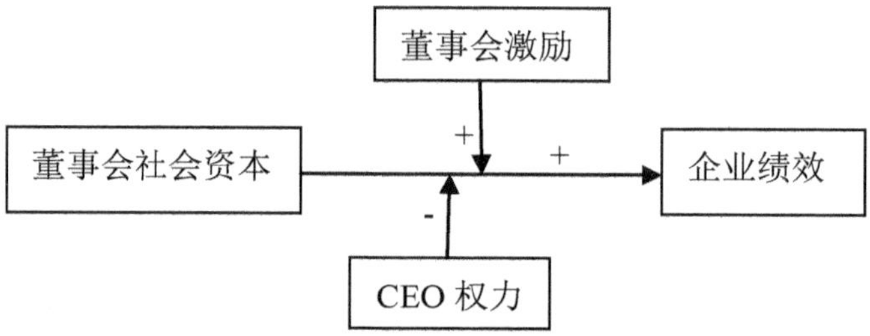

图6-1 董事会激励与CEO权力对董事会社会资本与企业绩效关系的调节作用

[1] 周建，李小青，金媛媛，尹翠芳．基于多理论视角的董事会-CEO关系与公司绩效研究述评[J]．外国经济与管理，2011(7)：49-57.

[2] Pearce J A, Zahra S A. The Relative Power of CEOs and Boards of Directors: Associations with Corporate Performance [J]. Strategic Management Journal, 1991, 12(2): 135-153.

第二节　研究设计与模型构建

一、样本选择与数据来源

本研究选择沪深两市2011—2016年的体育类概念股作为样本，选择的标准如下：①符合国家体育产业统计分类的相关规定；②体育概念整体覆盖全面并具有一定代表性；③公司年报发布全面，无遗漏，无重大财务纰漏；④剔除被 ST、SST 、S* ST 及 PT的公司；⑤剔除那些董事会社会资本相关数据披露不全的公司。根据以上标准，本研究共得到由20家样本公司（沪市9家，深市11家）组成的116个样本观察值。主要数据来源于国泰安（CSMAR）数据库中的公司研究系列数据库和人物特征系列数据库，部分数据来源于巨潮资讯网（www.cninfo.com.cn）的上市公司年报，以及互联网上有关上市公司的报道。本研究的数据处理和实证分析所用的软件为Stata15.0。

二、变量设计

本章主要考察董事会社会资本对企业绩效的影响，因此，因变量是企业绩效，自变量是董事会社会资本相关变量，董事会激励和CEO权力是调节变量。

（一）因变量

与第五章对企业绩效（*PER*）的测度方式保持一致，采用Tobin-Q来测度企业绩效。由于董事会社会资本的投入产出具有滞后性，因此，使用下一年度的Tobin-Q值（TOB_{t+1}）测度企业绩效。

（二）自变量

根据第四章的分析，与董事会社会资本有关的变量采用以下方式测度：①董事会的网络密度（*DDR*），采用平均每个月的董事会会议次数进行测度；②董事会与管理层之间的关系（*BTR*），采用执行董事的比例进行测度；③董事会的连锁董事情况（*INTER*），采用连锁董事在董事会中所占的比例进行测度；④董事会的政治背景（*POL*），采用具有政治背景的董事的比例进行测度；⑤董事会的银行背景（*BANK*），采用具有银行背景的董事的比例进行测度；⑥董事会社会资本（*BSC*），通过将*DDR*、*BTR*、*INTER*、*POL*、*BANK*五个指标进行离差标准化以后进行加总，得到董事会社会资本综合指标（*BSC*）。

（三）调节变量

董事会激励（*BI*）：使用董事会的权益激励和薪酬激励来测度董事会激励。权益激励采用董事会的持股比例来测度，薪酬激励采用金额最高的前三位董事的报酬之和来测度。对这两个指标的数值进行离差标准化，然后加总得到董事会激励的得分。

CEO权力（*CEOP*）：与第五章对CEO权力的测度方式保持一致，本研究采用三个指标来测度CEO权力：任期、所有权和两职性[1]。任期采用CEO的任职年限来测度；所有权采用CEO的持股比例来测度，两职性设为虚拟变量，CEO与董事长两职合一记为1，否则为0。对这些指标进行离差标准化，然后加总得到CEO权力的得分。

（四）控制变量

共设置六个控制变量：①企业规模（*Lnsize*），采用企业总资产的自然对数来测度；②企业成长性（*Mb*），采用主营业务收入增长率来测度[2]；③实际控制人类型（*Os*），设置为虚拟变量，国有控股企业记为1，非国有控股企业记为0；④董事会规模（*Bsize*），使用董事的总人数来测度；⑤董事平均年龄（*Bage*），采用董事年龄的平均值来测度；⑥年份（*Year*），为了控制宏观经济环境对企业绩效的影响，将年份作为一个控制变量。以2011年作为基础年份，设置*Year12*、

[1] Combs J G, Ketchen D J, Perryman A A, Donahue M S. The Moderating Effect of CEO Power on the Board Composition-firm Performance Relationship[J]. Journal of Management Studies, 2007, 44(8): 1229-1324.

[2] 沈艺峰，吴世农．中国股票市场过度反应了吗？[J]．经济研究，1999(2)：21-26.

Year13、*Year14*、*Year15*、*Year16*五个年度虚拟变量。

表6-1 变量符号定义与测度

变量分组	变量名称	变量符号	变量测度
因变量	企业绩效	*PER*	下一年度的Tobin-Q值（TOB_{t+1}）
自变量	董事会社会资本	*BSC*	将*DDR*、*BTR*、*INTER*、*POL*、*BANK*进行离差标准化以后进行加总
	董事会的网络密度	*DDR*	平均每个月的董事会会议次数
	董事会与管理层之间的关系	*BTR*	执行董事的比例
	董事会的连锁董事情况	*INTER*	连锁董事在董事会中所占的比例
	董事会的政治背景	*POL*	具有政治背景的董事的比例
	董事会的银行背景	*BANK*	具有银行背景的董事的比例
调节变量	董事会激励	*BI*	对权益激励和薪酬激励进行离差标准化之后进行加总。权益激励采用董事会的持股比例来测度，薪酬激励采用金额最高的前三位董事的报酬之和来测度
	CEO权力	*CEOP*	将CEO任期、CEO所有权、CEO与董事长的两职性进行离差标准化之后进行加总。任期采用CEO的任职年限来测度；所有权采用CEO的持股比例来测度；两职性设为虚拟变量，CEO与董事长两职合一记为1，否则为0
控制变量	企业规模	*Lnsize*	企业总资产的自然对数
	企业成长性	*Mb*	主营业务收入增长率
	实际控制人类型	*Os*	设置为虚拟变量，国有控股企业记为1，非国有控股企业记为0
	董事会规模	*Bsize*	董事总人数
	董事平均年龄	*Bage*	董事年龄的平均值
	年份	*Year*	以2011年作为基础年份，设置*Year12*、*Year13*、*Year14*、*Year15*、*Year16* 五个年度虚拟变量

三、模型构建

根据前面的理论分析，建立数据模型研究董事会社会资本对企业绩效的影响，使用多元回归分析检验研究假设，所用方程如下。

$$PER=e_0+ e_1 BSC + e_2Lnsize+e_3Mb+e_4Os+e_5Bsize+e_6Bage+ e_7Year+ \varepsilon_5 \quad (6.1)$$

$$PER=f_0+ f_1 DDR + f_2BTR + f_3 INTER + f_4POL + f_5 BANK + f_6Lnsize+ f_7Mb + f_8Os + f_9Bsize + f_{10}Bage + f_{11}Year+ \varepsilon_6 \quad (6.2)$$

$$PER=g_0+g_1BSC+g_2BI+g_3BSC \times BI+g_4Lnsize+g_5Mb+g_6Os+g_7Bsize+g_8Bage+ g_9Year+ \varepsilon_7 \quad (6.3)$$

$$PER=h_0+h_1BSC+h_2CEOP+h_3BSC \times CEOP+h_4Lnsize+h_5Mb+h_6Os+h_7Bsize+h_8Bage+ h_9Year+ \varepsilon_8 \quad (6.4)$$

其中，e_0、f_0、g_0、h_0为方程的截距，e_1~e_7、f_1~f_{11}、g_1~g_9、h_1~h_9为回归系数，ε_5、ε_6、ε_7、ε_8为残差。

方程（6.1）针对假设H3，检验董事会社会资本综合指标（*BSC*）对企业绩效（*PER*）的影响。方程（6.2）针对假设*H3a~H3e*，检验各个具体的董事会社会资本指标（*DDR*、*BTR*、*INTER*、*POL*、*BANK*）对企业绩效（*PER*）的影响。方程（6.3）针对假设H4a，检验董事会激励（*BI*）对董事会社会资本综合指标（*BSC*）与企业绩效（*PER*）关系的调节作用。方程（6.4）针对H4b，检验CEO权力（*CEOP*）对董事会社会资本综合指标（*BSC*）与企业绩效（*PER*）关系的调节作用。

第三节　实证回归结果与分析

一、变量的描述性统计与相关性分析

从表6-2的统计结果来看，董事会社会资本（*BSC*）最大值为3.320，最小值为0.570，均值为1.555，表明样本企业董事会社会资本差异较大。其中董事会的网络密度（*DDR*）最大值为2.417，最小值为0.333，均值为0.825，表明董事会成员之间的关系总体上较为密切；董

事会与管理层之间的关系（*BTR*）最大值为0.560，最小值为0，均值为0.246，表明董事会与管理层的关系总体不甚密切。董事会的连锁董事情况（*INTER*）最大值为0.868，最小值为0.250，均值为0.581，表明半数以上的董事都是连锁董事。董事会的政治背景（*POL*）最大值为0.930，最小值为0，均值为0.282；董事会的银行背景（*BANK*）最大值为0.500，最小值为0，均值为0.139，表明样本企业董事会中具有政治背景和银行背景的董事的比例总体较低。

从表6-2来看，变量之间的标准差总体上不高；从变量的Pearson相关系数矩阵（表6-3）来看，除了董事会社会资本综合指标（*BSC*）与董事会社会资本的各具体指标显著相关以外，其他各变量之间的相关性总体上比较低，适合做进一步的实证分析。

表6-2　变量的描述性统计

变量	最小值	最大值	均值	标准差
PER	0.905	10.60	2.951	1.939
BSC	0.570	3.320	1.555	0.575
DDR	0.333	2.417	0.825	0.339
BTR	0	0.560	0.246	0.140
INTER	0.250	0.868	0.581	0.179
POL	0	0.930	0.282	0.219
BANK	0	0.500	0.139	0.126
BI	0	1.530	0.225	0.309
CEOP	0	2.200	0.692	0.636
Lnsize	18.83	25.15	21.58	1.302
Mb	−0.649	5.076	0.273	0.754
Os	0	1	0.496	0.502
Bsize	5	19	10.46	2.905
Bage	37	61	50.85	4.410

表6-3 变量间的Pearson相关系数矩阵

	PER	*BSC*	*DDR*	*BTR*	*INTER*	*POL*	*BANK*	*BI*	*CEOP*	*Lnsize*	*Mb*	*Os*	*Bsize*	*Bage*
PER	1													
BSC	0.023	1												
DDR	0.145	0.424***	1											
BTR	−0.048	0.499***	0.171*	1										
INTER	−0.059	0.283***	−0.295***	−0.036	1									
POL	0.010	0.647***	0.363***	0.017	−0.076	1								
BANK	0.063	0.637***	0.090	0.057	−0.007	0.360***	1							
BI	0.213**	0.318***	0.124	0.444***	−0.069	−0.056	0.321***	1						
CEOP	0.190**	0.274***	0.123	0.470***	−0.142	0.159*	0.068	0.290***	1					
Lnsize	−0.471***	0.249***	0.195**	0.086	−0.004	0.258***	0.118	0.059	−0.034	1				
Mb	0.134	−0.100	−0.058	−0.063	−0.077	0.001	−0.055	0.053	−0.047	−0.151	1			
Os	−0.269***	0.136	−0.022	−0.262***	−0.043	0.320***	0.319***	−0.245***	−0.309***	0.478***	−0.075	1		
Bsize	−0.085	0.166*	0.182*	−0.136	−0.061	0.221**	0.247***	−0.038	0.095	0.212**	−0.077	0.132	1	
Bage	−0.233**	0.026	−0.007	−0.387***	−0.031	0.356***	0.146	−0.326***	−0.114	0.398***	−0.069	0.338***	0.347***	1

注：*、**和***分别表示10%、5%和1%的显著性水平（双尾检验），下同

二、多元回归分析

（一）主效应的多元回归分析

根据方程（6.1）和方程（6.2），采用最小二乘法（OLS）分析董事会社会资本综合指标（*BSC*）和各个具体指标与企业绩效（*PER*）的关系，如表6–4所示。

模型6.1仅包含控制变量，模型6.2包含董事会社会资本综合指标（*BSC*）和控制变量，模型6.3包含董事会社会资本各个具体指标和控制变量。通过回归结果可以看出，自变量的方差膨胀因子（VIF）均在2.3~2.6，说明数据不存在严重的多重共线性。DW值均在1.7~2.0，说明模型均不存在显著的自相关关系。但经White检验，模型均存在一定程度的异方差问题，因此，采用稳健标准误法修正原OLS的标准差。

表6–4　主效应的多元回归分析

	模型6.1	模型6.2	模型6.3
Constant	14.60*** (3.002)	17.35*** (2.836)	18.57*** (2.701)
BSC		0.521** (0.254)	
DDR			0.252 (0.387)
BTR			−1.503** (0.656)
INTER			1.252* (0.688)
POL			1.231* (0.713)
BANK			1.416** (0.597)
Lnsize	−0.523*** (0.133)	−0.720*** (0.134)	−0.604*** (0.137)
Mb	0.437** (0.178)	0.337* (0.189)	0.274 (0.178)
Os	−0.088 (0.329)	−0.119 (0.325)	−0.604* (0.354)
Bize	−0.031 (0.055)	−0.058 (0.054)	−0.107** (0.052)
Bage	−0.012 (0.039)	0.008 (0.037)	−0.044 (0.040)
Year	*control*	*control*	*control*
Adjust R^2	0.382	0.414	0.490
*F*值	7.444***	8.255***	8.241***

结果表明，模型6.2和模型6.3的F值均是显著的，*Adjust* R^2分别达到41.4%和49.0%。模型6.2的结果显示，董事会社会资本综合指标

（*BSC*）与企业绩效（*PER*）显著正相关（e_1=0.521，*P*<0.05）。模型6.3的结果显示，董事会的网络密度（*DDR*）与企业绩效（*PER*）关系不显著（f_1=0.252，*P* > 0.1），董事会与管理层的关系（*BTR*）与企业绩效（*PER*）显著负相关（f_2=–1.503，*P*<0.05），董事会的连锁董事情况（*INTER*）与企业绩效（*PER*）显著正相关（f_3=1.252，*P*<0.1）。董事会的政治背景（*POL*）与企业绩效（*PER*）显著正相关（f_4=1.231，*P*<0.1），董事会的银行背景（*BANK*）与企业绩效（*PER*）显著正相关（f_5=1.416，*P*<0.05）。

（二）调节效应的多元回归分析

根据方程（6.3），分析董事会激励（*BI*）对董事会社会资本综合指标（*BSC*）与企业绩效（*PER*）的调节作用。首先对自变量和控制变量进行均值中心化处理，然后构建回归模型，并对国有控股样本和非国有控股样本分别进行分析（表6–5）。

模型6.4包含董事会社会资本综合指标（*BSC*）、董事会激励（*BI*）和控制变量。模型6.5在模型6.4的基础上增加了董事会社会资本综合指标（*BSC*）与董事会激励（*BI*）的交互项。模型6.6包含国有控股样本中的董事会社会资本综合指标（*BSC*）、董事会激励（*BI*）和控制变量。模型6.7在模型6.6的基础上增加了董事会社会资本综合指标（*BSC*）与董事会激励（*BI*）的交互项。模型6.8包含非国有控股样本中的董事会社会资本综合指标（*BSC*）、董事会激励（*BI*）和控制变量。模型6.9在模型6.8的基础上增加了董事会社会资本综合指标（*BSC*）与董事会激励（*BI*）的交互项。

通过回归结果可以看出，所有自变量与交互项的方差膨胀因子（VIF）均小于2，即通过了多重共线性检验。DW值均在1.7~2.2的范围内，说明模型不存在显著的自相关关系。经White检验，模型6.4至模型6.9均存在不同程度的异方差问题，因此，采用稳健标准误法修正原OLS的标准差。

表6-5 董事会激励（*BI*）调节效应的多元回归分析

	全样本		国有控股样本		非国有控股样本	
	模型6.4	模型6.5	模型6.6	模型6.7	模型6.8	模型6.9
Constant	13.94*	14.16***	26.51***	18.71***	22.94**	20.19**
		(2.832)	(6.293)	(3.784)	(10.910)	(9.045)
BSC	0.902*	0.654*	0.0348	0.624	0.702	−1.602
	(0.520)	(0.386)	(0.610)	(0.734)	(0.951)	(1.026)
BI	3.634*	4.961**	6.966**	12.04**	1.615**	−7.948*
	(1.957)	(2.257)	(3.456)	(5.728)	(0.726)	(4.484)
BSC×BI		−1.621		−4.235		5.811**
		(1.223)		(3.091)		(2.472)
Lnsize	−0.371	−0.742***	−1.142**	−0.596**	−1.087**	−0.688*
	(0.320)	(0.132)	(0.444)	(0.288)	(0.427)	(0.351)
Mb	−0.139	0.231	−0.0417	−0.192	0.0116	0.586
	(0.210)	(0.160)	(0.968)	(0.287)	(0.322)	(0.512)
Os	−0.662	0.386				
	(1.956)	(0.323)				
Bsize	0.066	−0.055	0.015	0.119	−0.051	−0.283*
	(0.069)	(0.054)	(0.145)	(0.075)	(0.138)	(0.136)
Bage	−0.109	0.052	0.001	−0.113	0.028	0.029
	(0.098)	(0.039)	(0.189)	(0.123)	(0.081)	(0.064)
Year	control	control	control	control	control	control
Adjust R^2	0.333	0.337	0.299	0.302	0.393	0.408
*F*值	3.563**	9.372***	2.579**	4755***	4.414***	5.497***

结果表明，模型6.4~6.9的F值均是显著的，全样本模型的*AdjustR*^{2}在33.5%左右，国有控股样本模型的AdjustR^{2}在30.1%左右，非国有控股样本的*Adjust R*^{2}在40.1%左右。模型6.5的结果显示，董事会社会资本综合指标（*BSC*）与企业绩效（*PER*）显著正相关（g_1=0.654，*P*<0.1），董事会社会资本综合指标（*BSC*）与董事会激励（*BI*）的交互项（*BSC*×*BI*）与企业绩效（*PER*）关系不显著（g_3=−1.621，*P* > 0.1），说明董事会激励对董事会社会资本与企业绩效关系的调节作用不显著。

对于国有控股样本，模型6.7的结果显示，董事会社会资本综合指标（*BSC*）与企业绩效（*PER*）的关系不显著（g_1=0.624，$P>0.1$），董事会社会资本综合指标（*BSC*）与董事会激励（*BI*）的交互项（$BSC \times BI$）与企业绩效（*PER*）的关系亦不显著（g_3=−4.235，$P>0.1$），说明在国有控股样本企业中，董事会激励对董事会社会资本与企业绩效关系的调节作用不显著。对于非国有控股样本，模型6.9的结果显示，董事会社会资本综合指标（*BSC*）与企业绩效（*PER*）的关系不显著（g_1=−1.602，$P>0.1$），董事会社会资本综合指标（*BSC*）与董事会激励（*BI*）的交互项（$BSC \times BI$）与企业绩效（*PER*）显著正相关（g_3=5.811，$P<0.05$），说明在非国有控股样本企业中，董事会激励对董事会社会资本与企业绩效的关系具有显著的正向调节作用。

根据方程（6.4），分析CEO权力（*CEOP*）对董事会社会资本综合指标（*BSC*）与企业绩效（*PER*）关系的调节作用。首先对自变量和控制变量进行均值中心化处理，然后构建回归模型（表6–6）。模型6.10包含董事会社会资本综合指标（*BSC*）、CEO权力（*CEOP*）和控制变量，模型6.11在模型6.10的基础上增加了董事会社会资本综合指标（*BSC*）与CEO权力（*CEOP*）的交互项（$BSC \times CEOP$）。为了进一步考察不同水平的CEO权力对董事会社会资本与企业绩效关系的调节效应有何不同，将CEO权力分为高低两个水平，将数值高于平均值（0.692）界定为高CEO权力，记为1，将数值等于或低于平均值界定为低CEO权力，记为0，并对两组样本分别进行回归分析，得到模型6.12和模型6.13（低CEO权力组）与模型6.14和模型6.15（高CEO权力组）。

通过回归结果可以看出，所有自变量与交互项的方差膨胀因子（VIF）均在2.0左右，即通过了多重共线性检验。DW值均在1.7~1.9的范围内，说明模型不存在显著的自相关关系。经White检验，模型6.10至模型6.15存在不同程度的异方差问题，因此，采用稳健标准误法修正原OLS的标准差。结果显示，所有模型的F值均是显著的，全样本组的*Adjust* R^2在40.1%左右，低CEO权力组的*Adjust* R^2在16.5%左右，高CEO权力组的*Adjust* R^2在44.1%左右。

表6-6 CEO权力（*CEOP*）调节效应的多元回归分析

	全样本		低CEO权力组		高CEO权力组	
	模型6.10	模型6.11	模型6.12	模型6.13	模型6.14	模型6.15
Constant	14.64***	10.01***	3.96**	5.16**	3.11**	6.19**
	(2.977)	(3.713)	(2.417)	(2.632)	(1.947)	(3.235)
BSC	0.510*	1.356***	0.977*	0.218	2.343**	−0.640
	(0.277)	(0.499)	(0.562)	(0.259)	(0.902)	(0.439)
CEOP	−0.034	1.605*	0.911	−4.389*	1.965*	3.463**
	(0.254)	(0.849)	(1.506)	(2.513)	(1.135)	(1.351)
BSC×CEOP		−0.991**		1.450*		−0.424*
		(0.491)		(0.746)		(0.178)
Lnsize	−0.571***	−0.484***	0.0794	0.181	−0.334	−0.285
	(0.134)	(0.139)	(0.300)	(0.153)	(0.417)	(0.157)
Mb	0.464**	0.456**	0.167	−0.228	0.123	0.089
	(0.177)	(0.174)	(0.324)	(0.321)	(0.294)	(0.301)
Os	−0.098	−0.092	−1.212**	−0.447	3.256	0.416
	(0.344)	(0.338)	(0.565)	(0.276)	(2.574)	(0.541)
Bsize	−0.048	−0.035	−0.045	−0.023	0.409***	−0.196*
	(0.056)	(0.055)	(0.103)	(0.049)	(0.123)	(0.010)
Bage	−0.005	0.021	−0.065	−0.056	−0.006	0.045
	(0.038)	(0.040)	(0.102)	(0.049)	(0.126)	(0.035)
时间效应	control	control	control	control	control	control
Adjust R^2	0.393	0.414	0.152	0.178	0.434	0.448
*F*值	6.523**	6.541**	2.071**	2.306**	3.696**	4.199**

模型6.11的结果显示，董事会社会资本综合指标（*BSC*）与企业绩效（*PER*）显著正相关（f_1=1.356，*P*<0.01），交互项（*BSC*×*CEOP*）与企业绩效（*PER*）显著负相关（h_3=−0.991，*P*<0.05）。低权力组的模型6.13结果显示，董事会社会资本综合指标（*BSC*）与企业绩效（*PER*）关系不显著（h_1=0.218，*P* > 0.1），而交互项（*BSC*×*CEOP*）与企业绩效（*PER*）显著正相关（h_3=1.450，*P*<0.1）；高权力组的模型6.15结果显示，董事会社会资本综合指标（*BSC*）与企业绩效（*PER*）的关系不显著（h_1=−0.640，*P* > 0.1），而交互项（*BSC*×*CEOP*）与企

业绩效（*PER*）显著负相关（h_3=−0.424，$P<0.1$）。这些结果表明，CEO权力（*CEOP*）总体上对董事会社会资本综合指标（*BSC*）与企业绩效（*PER*）之间关系具有显著的负向调节作用。较小的CEO权力正向调节董事会社会资本与企业绩效的关系，较大的CEO权力负向调节董事会社会资本与企业绩效的关系。

三、多元回归结果与讨论

（一）实证结果小结

董事会社会资本总体上与企业绩效正相关。具体到各个指标，董事会的连锁董事情况、政治背景、银行背景与企业绩效显著正相关，董事会的网络密度与企业绩效的关系不显著，董事会与管理层之间关系的密切程度与企业绩效显著负相关。就调节效应而言，在国有控股企业中，董事会激励对董事会社会资本与企业绩效关系的调节作用不显著，在非国有控股企业中，董事会激励正向调节董事会社会资本与企业绩效关系。当CEO权力较小时，CEO权力正向调节董事会社会资本与企业绩效的关系；当CEO权力较大时，CEO权力负向调节董事会社会资本与企业绩效的关系。

本章的假设验证情况如表6–7所示。

表6–7　假设验证结果

研究假设	验证情况
H3：董事会社会资本与企业绩效正相关	支持
H3a：董事会的网络密度与企业绩效正相关	不支持
H3b：董事会与管理层之间关系的密切程度与企业绩效正相关	不支持
H3c：连锁董事在董事会中所占比例与企业绩效正相关	支持
H3d：董事会的政治背景与企业绩效正相关	支持
H3e：董事会的银行背景与企业绩效正相关	支持
H4a：董事会激励正向调节董事会社会资本与企业绩效的关系。相对于国有控股企业，董事会激励对非国有控股企业董事会社会资本与企业绩效关系的调节作用更为显著	部分支持
H4b：当CEO权力较大时，CEO权力负向调节董事会社会资本与企业绩效的关系	支持

（二）主效应的回归结果与讨论

董事会社会资本综合指标（*BSC*）与企业绩效（*PER*）显著正相关，假设H3得到支持。董事会作为联系企业与外部环境的桥梁，是影响企业外部关键资源供应的重要因素。董事会社会资本有助于董事会获得更为充分的信息，更为敏感地识别问题，更迅速地找到那些对组织生存和发展至关重要的资源，并帮助企业有效利用这些资源，从而帮助企业在市场竞争中获得优势，提高企业的绩效。

董事会的网络密度（*DDR*）与企业绩效（*PER*）不相关，假设H3a没有得到支持。这可能是由于过大的董事会网络密度会导致董事会一团和气，缺少相互争论和质疑，不利于战略决策质量的提高。Forbes & Milliken（1999）认为，适度的认知冲突能够使董事会对选择方案产生更多的思考和细致的评价，这一过程能提高不确定环境下的战略决策质量。过大的董事会黏性则容易导致群体思维的出现，损害董事会的战略决策质量[1]。

董事会与管理层之间的关系（*BTR*）与企业绩效（*PER*）显著负相关，假设H3b没有得到支持。这可能是由于董事会与管理层的关系如果过于密切，会导致董事会无法对管理层的决策和权力进行有效约束与制衡，进而造成内部人控制问题、逆向选择问题和道德风险问题，甚至导致董事会与管理层合谋，共同侵占中小股东的权益，损害企业的绩效。

董事会的连锁董事情况（*INTER*）与企业绩效（*PER*）正相关，假设H3c得到支持。连锁董事作为企业关系网络的形式之一，可以帮助企业获得有关外部环境的重要信息，从而降低企业的信息获取成本，提高企业的资源获取能力。Pfeffer（1972）的研究结果表明，连锁董事能

[1] Forbes D P, Milliken F J. Congniton and Corporate Governance: Understanding Boards of Directors as Strategic Decision-making Groups[J]. Acadamey of Management Review, 1999, 24(3): 489-505.

够建立企业与企业所依赖的“关键资源”之间的外部联系，为企业带来较高的回报[1]。连锁董事在董事会所占的比例越高，就越能为董事会带来社会网络资源以及先进的实践和创新经验，从而对企业绩效产生积极影响[2]。

董事会的政治背景（*POL*）与企业绩效（*PER*）显著正相关，假设H3d得到支持。政治关联这一非正式的手段在转轨经济中所起到的作用是极其重要的。具有政治背景的董事可以帮助企业争取到更多的稀缺资源和政策上的便利，还能帮助企业化解各种危机，平稳度过困难。另外，政治关联能降低信息不对称程度，企业可以利用董事会的政治关联从政府那里获得影响，给投资者一种可信赖的感觉，从这个角度来说，董事会的政治关联还具有信号传递的作用。

董事会的银行背景（*BANK*）与企业绩效（*PER*）显著正相关，假设H3e得到支持。董事会的银行背景越强，企业获得贷款支持的可能性就越大，面临的融资约束会大大减小。在宽松的资金来源保证下，企业更有可能积极地开展研发和投资。

（三）调节效应的回归结果与讨论

董事会激励（*BI*）对董事会社会资本综合指标（*BSC*）与企业绩效（*PER*）关系的调节作用不显著。在国有控股样本企业中，董事会激励对董事会社会资本与企业绩效的关系的调节作用不显著。在非国有控股样本企业中，董事会激励对董事会社会资本与企业绩效的关系具有显著的正向调节作用，假设H4a得到部分支持。之所以出现董事会激励在国有控股企业和非国有控股企业中的差异，可能是由于国有控股企业的董事很多由国资委委派，他们在企业中很少持有股份，领取的薪酬与其对企业所做的贡献基本不挂钩，因此，激励对于他们利用自身社会资本为企业创造价值的影响并不大。在非国有控股企业中，董

[1] Pfeffer J. Size and composition of corporate boards of directors[J]. Administrative Science Quarterly, 1972(17):218–229.

[2] 陈仕华. 公司治理的社会嵌入性：来自连锁董事的启示[J]. 经济管理, 2009(4)：50–56.

事多由股东选出，他们持股的比例相对较大，领取的薪酬也由其为企业所做的贡献决定，因此，激励的变化对他们利用自身社会资本为企业创造价值的影响较大。

CEO权力（*CEOP*）总体上对董事会社会资本综合指标（*BSC*）与企业绩效（*PER*）之间关系具有负向调节作用。较小的CEO权力正向调节董事会社会资本与企业绩效的关系，较大的CEO权力负向调节董事会社会资本与企业绩效的关系，假设H4b得到支持。过大的CEO权力会抑制董事会社会资本对企业战略绩效的积极影响。这与Pearce & Zahra（1991）的研究结论是一致的，他们认为当CEO权力较大时，董事会的履职能力会受到影响，有效性会降低。

第七章 研究结论与政策建议

本章首先对前文的研究内容和研究结论进行回顾和总结，在此基础上，针对中国体育类上市公司，提出相关的政策建议。最后，指出本研究的不足之处，以及进一步的研究方向。

第一节 研究结论

随着《国务院关于加快发展体育产业促进体育消费的若干意见》（国发〔2014〕46号）的出台，全民健身上升为国家战略，在“5万亿目标”和利好政策的刺激下，来自各方面的资本鱼贯而入，加上快速增长的市场需求，使得中国体育产业的市场规模迅速扩大。体育类上市公司作为我国体育产业的“领头羊”，是其他体育类公司的参照标杆，具备很强的引导和示范作用，体育类上市公司的绩效水平直接关系到整个体育市场的繁荣与体育产业的可持续发展，并在一定程度上关系到我国的核心竞争力。然而，即使在密集的利好政策面前，体育类上市公司的绩效表现并不理想。在目前的上市体系中，市值过百亿人民币的体育公司屈指可数，千亿级别则完全没有。

中国体育类上市公司经营绩效总体欠佳的现象，表面上看是制度环境所造成的压力，实质上反映了企业战略和控制能力的不足。相比于其他行业的公司，在全民健身国家战略背景下，中国体育类上市公司面临更大的机遇，也要应对更严峻的挑战。如何改善中国体育类企业的发展状况，既是一个战略问题，也是一个公司治理问题。具体而言，中国体育类企业要发展壮大，必须提高决策的科学性，并保证有效控制，这正是公司治理的目的和要求所在。作为公司治理的核心，董事会的有效性成为保证企业科学战略决策和价值创造的必要条件。而董事会能否发挥应有的作用，又取决于其是否具有相应的能力，这种能力表现为董事会的人力资本和社会资本。那么，在全民健身国家战略背景下，体育类企业的董事会需要具备怎样的人力资本和社会资本，才能帮助企业获得成功？这是本研究的重点。本研究试图探究在中国情境下董事会资本影响体育类企业战略决策的机制，从而寻找企业绩效差异的原因。本研究的研究问题可以分解为以下四个子问题：企业战略决策的主体是谁；董事会履行战略职能的依据是什么；董事会如何介入企业的战略决策过程；董事会介入战略决策过程的影响和效果如何。针对这些研究问题，本研究得出以下结论。

一、董事会是企业的重要战略决策主体

董事的角色主要有三类：基于代理理论的控制角色、基于资源依赖理论的服务角色和基于综合视角的战略角色。随着公司治理实践和理论的发展，董事会的战略角色越来越受到重视。

有关董事会战略角色的研究主要是从契约视角和战略与认知视角展开的。契约视角的董事会理论（管理层霸权理论、代理理论和利益相关者理论）对董事会行为认识有限，除战略控制外，并没有认识到董事会在战略中的其他作用。这些理论在解释董事会战略角色时均具有一定的局限性，没有认识到董事会在战略决策中的贡献，忽略董事会动态的影响，将董事会构成简化为人口统计学特征。战略与认知理论主要关注价值创造的战略维度，特别是对于创造新战略机会的董事会的角色比较感兴趣。企业的价值创造过程不仅要考虑代理成本，还需要考虑组织学习和发展新机会。战略与认知理论对董事会构成和角色的解释与契约视角有诸多不同，比如董事会构成应该以知识和技能多元化为基础，不能仅局限于内外部董事的简单区分；董事会应通过

建议、咨询和贡献认知参与企业战略管理。

随着理论界对董事会在企业战略过程中作用的认识日益深入，董事会也从管理层霸权理论中的“附庸者”，演变成战略选择观和认知观中的“决策者”；董事会在战略中的态度也由“消极观”向“积极观”转变。消极观假设战略决策过程既分散又连续，认为管理层负责制定和实施决策方案，董事会通过评价战略实施结果履行战略控制职责；积极观假设董事会和管理层是合作关系，认为董事会和管理层协作制定企业战略，管理层负责执行企业战略。

综合以上研究，可以认为，董事会是企业的重要战略决策主体。战略是董事会和管理层的共同职能，这两个团体对决策制定过程都有直接的责任，他们一起发挥作用来改善企业的绩效。

二、董事会资本是董事会履行战略职能的依据

关于董事会履行战略职能的依据，目前学术界形成了基于董事会结构的结构观和基于董事会资本的能力观两种观点。结构观认为包括董事会规模、外部董事的比例、董事长与CEO两职合一等指标在内的董事会结构是影响董事会战略介入效果的主要因素。然而，以上研究并没有回答董事会如何影响企业战略绩效的问题。因为即使两个企业的董事会规模相同，独立董事比例相同，董事长与CEO的兼任情况也相同，也可能会由于董事会具备不同的专业能力和社会关系而产生不同的战略绩效。遵循这条线索，国外一些学者开始关注构成董事会能力基础的董事会资本问题。

能力观认为董事会资本是董事会履行战略职能的依据。基于“输入–过程–输出”的视角，董事会资本可以视为企业的一种投入，影响董事会的战略介入过程，进而影响企业的战略绩效。目前有关董事会资本与战略治理的研究主要集中在董事会资本对企业战略变革、竞争战略和创新战略等方面的影响。研究结果表明，相对于结构观，能力观在解释董事会履行战略职能的机制和效果方面更有说服力。因此，董事会资本是董事会履行战略职能的主要依据。

本研究依据客观性、可比性和可操作性原则，充分借鉴国内外学者的研究成果，结合中国的国情，构建了董事会资本的评价指标体系。具体而言，本研究选择六个关键性的指标对董事会的人力资本进行测度：董事会的受教育程度、会计专业背景、法律专业背景、CEO经验、行业嵌入度、背景的异质性程度；选择五个关键性的指标对董事会的社会资本进行测度：网络密度、与管理层之间的关系、连锁董事情况、政治背景、银行背景。

三、董事会依赖董事会资本介入企业战略决策过程

董事会资本有助于企业获取知识和机会，拓展营销渠道，获取外部资源，处理复杂信息，降低风险与成本，加强对管理层的监督，从而促进企业绩效的提高。

董事会资本是企业的特殊资源和战略资产。从企业外部来看，董事会资本可以降低企业对环境的依赖性；从企业内部来看，董事会资本可以成为企业获取和维持竞争优势的源泉。综观相关研究，资源依赖理论和资源基础观为董事会资本与企业绩效的关系提供了理论依据。

在现代企业中，企业由股东选出董事，代表股东进行决策，由董事会聘请管理层进行管理。因此，存在着“股东－董事会”和“董事会－管理层”双重委托－代理关系。第一重委托－代理关系中，董事会激励是影响代理问题的关键因素；第二重委托－代理关系中，CEO权力是影响代理问题的关键因素。这两个因素对董事会资本与企业绩效的关系具有调节作用。

综上所述，董事会依赖董事会资本介入企业的战略过程，董事会激励和CEO权力影响董事会介入企业战略的有效性。

四、董事会资本与体育类上市公司企业绩效存在正相关关系

尽管很多人都认同董事会资本在企业发展中具有重要作用的经验性判断，但董事会资本对企业绩效的作用机制和效果仍有待进一步

探索和证实。本研究根据前面的理论分析，提出有关董事会人力资本与企业绩效关系、董事会社会资本与企业绩效关系的研究假设，并采用沪深两市体育类上市公司的116个样本观察值，使用最小二乘法（OLS）进行多元回归分析，对假设进行检验。

结果表明，董事会人力资本与企业绩效正相关。具体到各个指标，董事会的受教育程度、会计专业背景、法律专业背景与企业绩效的关系不显著，董事会的CEO经验、行业嵌入度、背景的异质性程度与企业绩效显著正相关。就调节效应而言，无论是在国有控股企业还是在非国有控股企业中，董事会激励对董事会人力资本与企业绩效关系的作用均不显著。当CEO权力较小时，CEO权力正向调节董事会人力资本与企业绩效的关系；当CEO权力较大时，CEO权力负向调节董事会人力资本与企业绩效的关系。

董事会社会资本总体上也与企业绩效正相关。具体到各个指标，董事会连锁董事情况、政治背景、银行背景与企业绩效显著正相关，董事会的网络密度与企业绩效的关系不显著，董事会与管理层之间关系的密切程度与企业绩效显著负相关。就调节效应而言，在国有控股企业中，董事会激励对董事会社会资本与企业绩效关系的调节作用不显著，在非国有控股企业中，董事会激励正向调节董事会社会资本与企业绩效的关系。当CEO权力较小时，CEO权力正向调节董事会社会资本与企业绩效的关系；当CEO权力较大时，CEO权力负向调节董事会社会资本与企业绩效的关系。

综上所述，董事会资本总体上与企业绩效呈正相关关系，具体而言，董事会的CEO经验、行业嵌入度、背景的异质性程度、连锁董事情况、政治背景、银行背景对企业绩效具有显著的正向影响。董事会自动正向调节非国有控股企业董事会社会资本和企业绩效的关系。较小的CEO权力正向调节董事会资本和企业绩效的关系，较大的CEO权力负向调节董事会资本和企业绩效的关系。

第二节　研究启示与政策建议

本研究基于我国全民健身战略的背景，发现董事会资本可能是影响体育类上市公司企业绩效的重要原因，通过文献调研和基于沪深两市2011—2016年体育产业上市公司116个样本观察值的实证研究发现，董事会是企业的重要战略决策主体；董事会资本是董事会履行战略职能的依据；董事会依赖董事会资本介入企业战略决策过程；董事会资本总体上与企业绩效呈正相关关系。该研究结论既可为中国体育产业上市公司进行董事会建设提供借鉴，也可为相关监管部门进行董事、董事会评价提供依据。

一、对中国体育产业上市公司的启示

首先，应重视董事会的战略角色，发挥董事会战略委员会的作用。2002年中国证监会和经贸委联合颁布了《上市公司治理准则》，该准则提出上市公司董事会可以按照股东大会的有关决议，设立战略委员会、审计委员会、提名委员会、薪酬与考核委员会等专门委员会，专门委员会成员全部由董事组成。战略委员会的主要职责是：对公司长期发展战略和重大投资决策进行研究并提出建议；对《公司章程》规定须经董事会批准的重大投资、融资方案进行研究并提出建议；对《公司章程》规定须经董事会批准的重大资本运作、资产经营项目进行研究并提出建议；对其他影响公司发展的重大事项进行研究并提出建议；对以上事项的实施进行检查或者执行董事会授权的其他事宜。从战略委员会的主要职责来看，战略委员会如何制定科学的战略决策，提高企业的战略绩效，是其运行中面临的最主要的问题。

在《上市公司治理准则》颁布的2002年，中国只有20%的上市公司设立了战略委员会，之后设立战略委员会的上市公司越来越多。然而，这些战略委员会的设立是否起到了应有的作用？学者们的观点并

不一致。周建等（2007）运用2003—2006年中国上市公司的数据实证检验了战略委员会与企业绩效的关系，发现战略委员会的设立对企业绩效并没有直接的正向影响，中国上市公司的战略委员会仅处于“消极合规”的阶段[1]；覃家琦等（2010）以2006—2008年中国制造业上市公司为样本，实证检验了战略委员会的设立与上市公司过度投资行为的关系，结果表明，设立战略委员会的样本公司过度投资水平反而显著增高[2]。这说明样本公司设立战略委员会更多是为了迎合监管部门的要求，并未起到实际的作用。

研究发现，董事会的战略职能十分重要。因此，对于中国体育类上市公司而言，健全科学决策程序，提高企业绩效，增强企业竞争优势，首先应在董事会中设立战略委员会。更重要的是，董事会战略委员会的设立，不能仅仅被作为合规目的，成为“花瓶”般的存在，而是要在合规的前提下，积极探索并完善相关的决策制度，切实发挥战略委员会在企业战略决策中的作用。

其次，在董事会建设中，应充分重视董事会资本的作用。通过对样本企业的董事会建设现状进行分析，发现目前中国体育类上市公司更重视董事会结构的合规，如尽量增加董事会规模、增大外部董事的比例、增加董事会会议次数等，以迎合监管部门的要求，但对于董事会资本的作用重视不够。研究发现，董事会资本对企业绩效具有直接的正向影响，因此，今后企业在进行董事会建设时，应充分考虑董事会人力资本和社会资本的因素，特别是增加具有CEO经验、体育行业学习或工作经验、异质性背景、连锁董事关系、政治背景、银行背景的董事的比例。

最后，对于非国有企业，可适当加强对董事会的激励，使董事会更有动力利用自身的社会资本为企业创造价值。另外，适度抑制CEO

[1] 周建，刘小元，覃彦玲，崔胜朝．董事会战略委员会与企业绩效的相关性研究[J]．山西财经大学学报，2008(8)：62–69.

[2] 覃家琦，孙凌霞，王崇赫．战略委员会与上市公司过度投资行为[J]．金融研究，2010(6)：124–142.

的权力，提高董事会决策的自主性。研究发现，CEO权力是一把双刃剑，适度的CEO权力有利于CEO与董事会之间的良性对话，提高战略决策质量；而过大的CEO权力可能会抑制董事会的独立决策，损害董事会对企业价值的贡献。因此，在企业具体的经营环境中，董事会应该充分衡量赋予CEO强权的收益和成本，并及时进行调整，以保证企业战略决策有利于企业的长远发展。

二、对监管部门的政策建议

从调研情况来看，中国体育类上市公司目前的制度设计仍是保证董事会合规，特别是着重强调董事会的独立性。诚然，公司治理实质上是各利益相关方之间的相互制衡，为了避免大股东侵犯中小股东利益以及内部人控制问题，董事会应该保持一定的独立性，但并不意味着独立董事越多越好。因为从中国体育类上市公司的实际情况来看，董事会中的独立董事并非不够多，但数量众多的独立董事并不一定都具有良好的能力和素养并能有效履行各自的职能。比如董事在资质和职业背景方面有所欠缺，缺乏足够的从业经验或专业技能，难以对企业潜在的风险进行正确判断并制定科学而可行的应对策略。另外，对董事会进行监督、评价甚至问责是促使其有效履职的必要手段。然而，以往相关的公司治理原则虽然赋予了董事会战略制定、内部控制与风险管理的职能，却没有及时、全面和客观地对董事会的履职情况进行有效评价。目前的评价体系过分强调合规，对董事会是否有效履职关注不够。

事实上，董事会要有效发挥其作用，除了要具有最起码的、形式上的独立性之外，更要具有足够的素质和能力，应该对每位董事的专业水平、工作经验、社会关系、人格品质等方面提出更高的要求。总之，不应仅仅拘泥于强调独立性大小的形式方面，而应重点关注董事的专业性本身，以及为董事会有效运行所作出的实际贡献。

董事会资本是董事会建设成功与否的一个重要标准。因此，要加强中国体育类上市公司董事队伍建设，首先应吸收具有丰富人力资本和社会资本的人进入董事会。监管部门应做好推荐、管理、培训、评价等各环节的工作。在推荐环节，根据企业规模、所在行业、发展规划等情况，为企业推荐合适的董事人选，不断优化董事会人员结构和董事会资本配置，如候选人最好具有在大企业决策层任职的经历，最好具有体育行业工作经历，董事的背景最好多样化，最好在其他企业担任连锁董事，至少有一名董事具有政治背景和银行背景。总之，在推荐董事会成员时要注重考虑候选人是否具有无形的、不可模仿的和独特的资源，这些资源能使企业具有超越对手的核心竞争力。

在管理环节，进一步完善《外部董事履职行为规范》，根据工作需要制定进一步的管理细则，实现对董事、董事会履职行为的有效监督与约束。在培训环节，从多方面丰富培训形式和手段，改善培训方法，增强培训效果，从而提高董事、董事会的履职能力与职业操守。在评价环节，进一步完善董事、董事会评价标准和评价办法，提高董事会资质与能力相关指标的评分比重，引导董事会努力丰富自身人力资本与社会资本。

另外，可考虑大力推进董事的职业化。董事会是由董事组成的，选聘好董事是提高董事会有效性的前提条件。一个合格的董事，必须具备丰富的专业知识和管理经验、广泛的阅历和社会关系。随着公司治理越来越受到重视，优秀董事变成一种稀缺资源。因此，可考虑大力推进董事的职业化。

董事职业化是指独立董事不再是一个职位，而是一种独立职业。比如可以将董事纳入中国上市公司协会建立的董事会管理委员会等组织的管辖范围之内，由董事会管理委员会和高校共同对董事开展职业培训，并建立职业董事的人才库，如职业董事候选人档案数据库，专门负责为企业招聘董事。职业董事必须经过系统而严格的专业培训和考试，合格者由董事会管理委员会颁发董事资格证书，作为职业能力的标志。董事的专业化、职业化已经成为必然趋势，一方面能够保证董事具备足够的专业知识和技能，另一方面能够保证董事有充足的精力和时间履行自己的职责，特别是外部董事职业化，可以保证董事能够独立地开展工作。

第三节 研究局限与进一步研究的方向

基于董事会资本研究企业绩效是一个较新的研究问题，在中国情境下开展此项研究是一项极富挑战性的工作。本研究在借鉴国外研究成果的基础上，结合中国体育类上市公司的实践经验，揭示了中国体育类上市公司董事会资本影响企业绩效的机制。但是由于国内可借鉴的研究成果极其有限，加上所研究问题的复杂性，本研究还存在一定的局限，这些局限可能成为进一步的研究方向。

一、研究局限

第一，本研究的样本局限于中国体育类上市公司。样本局限于体育行业，所以在一定程度上限制了研究结论的普适性。实际上，不同行业上市公司的董事会建设、董事会治理模式不尽相同，董事会资本对企业绩效的影响机制也可能存在一定差异。

第二，本研究对于董事会资本的测度方式以数据的可获得性为原则。这种测度方法可能不能全面揭示核心概念的内涵与外延。比如，在测度董事会人力资本和董事会社会资本时，无法获得董事会成员获取、消化和分享彼此知识、技能、经验与社会关系的过程中的相关数据。

第三，本研究使用单一指标测度企业绩效，可能不能完全反映中国体育类上市公司的发展水平。本研究为了便于操作，使用了Tobin-Q单维度方法来测度企业绩效，而并未考虑企业的非财务指标，如客户的认可度和满意度等。

第四，本研究主要考察董事会这个战略决策主体对企业绩效的作用，仅仅将董事会激励和CEO权力作为调节变量。事实上，在企业战略管理实践中，战略决策的制定和实施本质上是动态的过程，是董事会和管理层相互作用、讨论的结果。管理层和董事会都是企业战略决策的主体，在企业战略决策方面，两者的职能既有分工，又相互交叉。两者之间的互动方式不同，他们在企业战略决策的制定和实施过程发挥作用的程度也不同，从而导致企业战略绩效的差异。

第五，本研究将董事会作为一个整体进行研究，并未区分外部董事和内部董事对企业战略的作用机制有何不同。但实际上，在董事会中，外部董事和内部董事的职能并不相同，两者的人力资本和社会资本为企业价值作出贡献的方式也可能不完全相同。

二、进一步的研究方向

为了克服以上研究局限，进一步的研究可以考虑从以下几个方面展开：①比较体育类上市公司和其他行业上市公司的董事会资本作用机制有何不同，进一步揭示董事会战略介入及其经济效果的内在规律。②通过调查问卷、访谈、实验研究的方法，完善董事会资本测度指标体系。可在完善测度指标体系的基础上，对中国体育类上市公司董事会资本进行系统的评价，构建中国体育产业上市公司董事会资本指数，为监管部门、企业和投资者提供更为直观的决策依据。③通过问卷调查和访谈等方式，获得更为充分的数据，从多个维度对企业绩效进行衡量。另外，可借鉴杨忠和张骁（2009）、Haynes & Hillman（2010）的研究，进一步考察董事会资本深度和董事会资本广度与企业绩效的内在关系。④进一步考察体育类上市公司董事会资本和管理层资本的交互作用对企业绩效的影响。⑤考察外部董事和内部董事对企业战略的作用有何不同，比如是否外部董事的社会资本发挥的作用更大，而内部董事的人力资本更为重要。更为详细的考察有利于我们更深入地理解中国情境下董事会资本的本质。

致 谢

我的博士论文经过不断的拓展、深化、打磨，终于形成今天这本专著。

20年前，我在高考志愿书上郑重地写上“南开大学”，然而，南开的大门没有向我敞开。从此，于我而言，南开就是“难开”，在我心中变得更加遥远和神秘。10年前，我又尝试去叩南开的大门，恩师周建教授帮我打开了这扇“难开”之门。我是旅游专业背景出身，习惯了用那种极不规范的“规范分析”去开展研究，在我进入师门时，我甚至连SPSS软件都不会用。周老师没有嫌弃我基础薄弱，而是耐心地指导我学习实证研究方法，夯实管理学的理论基础，使我从一个“门外汉”逐步成长为一个系统掌握管理学的理论知识和研究方法的博士生。曾经，我抱怨过老师要求太苛刻，苦闷于学术之路太艰辛，但经过4年的磨砺，当我顺利完成博士论文时，当我在求职的激烈竞争中脱颖而出时，当我申请国家社科基金项目获得批准时，我终于明白了周老师的良苦用心。此外，师母陈晓燕老师在生活方面给了我很多关心和帮助。在此，我衷心地对恩师和师母，说一声：谢谢！

感谢硕士导师邹统钎教授一直以来对我的关心。每每和师门的兄弟姐妹们谈笑风生，大家总流露出作为邹门弟子的自豪。这种自豪并不仅仅因为导师是知名学者，而是因为邹门精神：团结、互助、进取、感恩。邹门精神激励着我和我的师兄、师姐、师弟、师妹在这个友爱的大家庭中相互鼓励、不断前进。我还要感谢管理学大师周三多先生，因为恩师周建教授和邹统钎教授均是周三多先生的得意门生，他们将周三多先生传授给他们的知识和方法毫无保留地教给了我。

感谢博士同门师兄刘小元、方刚、程广林、王鹏飞和硕士同门游佩媛、张昕玲、马欣、黄海辉，无论是在求学期间，还是在进入工作岗位之后，他们都给了我很多关心和帮助。在北京这个压力巨大的城市，来自他们的鼓励和温暖给了我继续前行的力量。

感谢我的母亲，尽管家里经济并不宽裕，母亲备受类风湿性关节炎的困扰，但她一直毫不犹豫地支持我。感谢我远在天堂的父亲，在重男轻女的农村，他依靠繁重的体力劳动支持我读到博士，只是我再也无法报答他的养育之恩！感谢我的弟弟和弟妹，这些年多亏他们照顾着父母，使我能够将更多的精力投入到学习和工作之中。我的公婆也是普普通通的农民，他们不知书却十分达理，当年为了让我专心读书，他们帮我照顾我的母亲，现在为了让我安心工作，他们又任劳任怨地帮我照顾女儿。在此向他们致以崇高的敬意！

感谢我的爱人林向东，他曾是一名空军飞行员，一名驻港军人，后来通过自己的不断努力通过了司法考试，成为一名检察官。虽然我们聚少离多，但他却给了我莫大的支持和鼓励，正是这种力量支撑我战胜了一个又一个困难。如果说军功章里有他的一半也有我的一半，那么我今天的成就中也凝聚着他的心血。感谢我可爱的女儿林知源，她的到来给我的生活带来了无尽欢乐，也成为我不懈努力的最大动力！

论文的出版得到了首都体育学院休闲与社会体育学院院长董杰先生、休闲体育教研室主任刘平江先生等的关心和鼎力支持，在此一并鞠躬致谢！

2019年5月21日

参考文献

[1] 陈冬华. 地方政府、公司治理与补贴收入: 来自我国证券市场的经验证据[J]. 财经研究, 2003 (9): 16–22.

[2] 陈颇. 中国体育产业上市公司经营管理绩效演变特征的实证研究[J]. 武汉体育学院学报, 2014 (3) : 51–56.

[3] 陈仕华. 公司治理的社会嵌入性: 来自连锁董事的启示[J].经济管理, 2009 (4) : 50–56.

[4] 陈晓萍, 徐淑英, 樊景立. 组织与管理研究的实证方法 [M]. 北京: 北京大学出版社, 2008.

[5] 陈瑜, 刘兵. 企业家社会资本与体育用品企业绩效的关系——基于中国体育用品上市公司数据的实证分析[J].上海体育学院学报, 2014 (6) : 31–36.

[6] 丁重, 张耀辉. 制度倾斜、低技术锁定与中国经济增长[J]. 中国工业经济, 2009(11):16–24.

[7] 冯海霞. 金融危机后国际金融机构公司治理的反思与改革[J]. 中国金融, 2010 (15) : 22–24.

[8] 高素英, 周建. 战略人力资本管理: 揭开人力资源和绩效关系的“黑箱”[N]. 中国社会科学报, 2010–03–04.

[9] 龚红, 宁向东, 崔涛. 董事会对公司战略过程评价: 逻辑架构与指标体系[J]. 南开管理评论, 2007 (5) : 26–30.

[10] 古家军, 胡蓓. TMT知识结构、职业背景的异质性与企业技术创新绩效关系——基于产业集群内企业的实证研究[J]. 研究与发展管理, 2008 (2) : 28–33.

[11] 韩忠雪, 尚娟, 周婷婷. 董事会激励、所有权结构与公司价值——基于中国上市公司面板数据的分析[J]. 山西财经大学学报, 2009 (4) : 59–66.

[12] 何强, 陈松. 董事会学历分布与 R & D 投入: 基于制造业上市公司的实证研究[J]. 软科学, 2011 (2) : 121–126.

[13] 何威风, 刘巍.公司为什么选择法律背景的独立董事?[J]. 会计研究, 2017 (4) : 45–51+95.

[14] 洪建刚. 我国企业成长性评估指标体系探讨——以南京市上市公司为例[D]. 南京: 河海大学, 2005.

[15] 黄海杰, 吕长江, 丁慧. 独立董事声誉与盈余质量——会计专业独董的视角[J]. 管理世界, 2016 (3) : 128–143+188.

[16] 黄嫚丽, 蓝海林. 特定优势视角的我国企业国际化程度与企业绩效的关系研究[M]. 北京:经济科学出版社, 2006.

[17] 蒋峦, 胡刚, 谢俊. 董事会独立性对公司绩效的影响——以CEO权力为调节变量[J]. 上海商学院学报, 2012 (2) : 72–77.

[18] 金媛媛, 崔胜朝, 周建. 董事会资本有助于提高企业国际化战略管理效率[N]. 中国社会科学报. 2010–10–28.

[19] 李国栋, 薛有志. 董事会战略参与效应及其影响因素研究[J]. 管理评论, 2011 (3) : 98–106.

[20] 李涵, 李文浩. 地方保护对企业国际化程度的影响——基于上市公司制造业的实证研究[J]. 宏观经济研究, 2010(8): 46–51.

[21] 李瑞. 中国总经理影响力研究及应用[D]. 北京: 清华大学, 2005.

[22] 李维安, 张耀伟. 中国上市公司董事会治理评价实证研究[J]. 当代经济科学, 2005 (1) : 17–23.

[23] 李维安. 公司治理[M]. 天津: 南开大学出版社, 2001.

[24] 李维安. 公司治理学[M]. 北京: 高等教育出版社, 2005.

[25] 李维安. 国企改革的攻坚战: “央企”的董事会建设[J]. 南开管理评论, 2006 (4) :1.

[26] 梁能. 国际商务[M]. 上海: 上海人民出版社, 1999.

[27] 廖岷. 国际金融危机中银行公司治理的主要问题及启示[J]. 国际金融研究, 2010 (5) : 61–68.

[28] 刘浩, 唐松, 楼俊. 独立董事: 监督还是咨询? ——银行背景独立董事对企业信贷融资影响研究[J]. 管理世界, 2012 (1) : 141–156.

[29] 鲁桐. 企业国际化阶段、测量方法及案例研究[J]. 世界经济, 2000(3) : 9–18.

[30] 罗党论, 黄琼宇. 民营企业的政治关系与企业价值[J]. 管理科学, 2008 (6): 21–28.

[31] 罗党论, 唐清泉. 政治关系、社会资本与政策资源获取:来自中国民营上市公司的经验证据[J]. 世界经济, 2009 (7) : 84–96.

[32] 马富萍, 郭晓川. 高管团队异质性与技术创新绩效的关系研究——以高管团队行为整合为调节变量[J]. 科学学与科学技术管理, 2010 (12) : 186–191.

[33] 马连福. 公司治理评价中的董事会治理评价指标体系设置研究[J]. 南开管理评论, 2003 (3) : 15–17.

[34] 钱海燕, 张骁, 杨忠. 横向、纵向社会资本与中小企业国际化绩效: 组织创新的调节作用[J]. 经济科学, 2010 (3) : 84–96.

[35] 冉茂盛, 周治凡. 董事会激励对公司效率影响的随机前沿分析[J]. 技术经济, 2010 (6) : 82–86.

[36] 任兵, 区玉辉, 彭维刚. 连锁董事、区域企业间连锁董事网与区域经济发展——对上海和广东两地2001年上市公司的实证考察[J]. 管理世界, 2004 (3) : 112–123.

[37] 任兵, 阎大颖, 张婧婷. 连锁董事与企业战略: 前沿理论与实证研究评述[J]. 南开学报(哲学社会科学版), 2008(3): 119–126.

[38] 宋渊洋, 李元旭, 王宇露. 企业资源、所有权性质与国际化程度——来自中国制造业上市公司的证据[J] . 管理评论, 2011 (2): 53–59.

[39] 苏灵, 王永海, 余明桂. 董事的银行背景、企业特征与债务融资[J]. 管理世界, 2011 (10) : 176–177.

[40] 覃家琦, 孙凌霞, 王崇赫. 战略委员会与上市公司过度投资行为[J]. 金融研究, 2010 (6) : 124–142.

[41] 谭宏.竞争战略对体育产业上市公司绩效影响的实证研究[J].上海体育学院学报, 2018 (2) : 59–65.

[42] 汪丽, 茅宁, 潘小燕, 经朝明. 董事会职能、决策质量和决策承诺在中国情境下的实证研究 [J]. 管理世界, 2006 (7): 108–114.

[43] 王迪, 张红, 李红辉.成长性对董事会治理与企业绩效关系的调节效应研究——以我国旅游上市公司为例[J]. 北京第二外国语学院学报, 2014 (9) : 28–37.

[44] 王鹏飞, 周建. 董事会战略介入模式研究——基于董事会能力的分析[J]. 外国经济与管理, 2011 (12) : 33–41.

[45] 王鹏飞. 基于董事会能力的董事会投融资战略介入研究——来自沪市制造业上市公司的经验证据[D]. 天津: 南开大学, 2012 .

[46] 魏锋, 罗竹凤. 董事会政治背景对公司获得银行贷款的影响——基于中国中小企业板上市公司的实证研究[J]. 山西财经大学学报, 2011 (1) : 101–108.

[47] 温忠麟, 侯杰泰, 张雷. 调节效应与中介效应的比较和应用 [J]. 心理学报, 2005 (2): 268–274.

[48] 谢永珍. 董事会治理评价研究 [M]. 北京: 高等教育出版社, 2006.

[49] 徐二明, 张晗. 基于战略的公司治理研究[J]. 当代财经, 2007 (1) : 61–64.

[50] 杨其静, 杨继东. 董事会只是为了监督吗? [J]. 南开经济研究, 2008 (6) : 56–63.

[51] 尹翠芳, 周建, 金媛媛. 战略治理对企业价值生成的作用机理研究——基于资源挤出管的视角[J]. 珞珈管理评论 2011 (2) : 31–41.

[52] 张建红, 卫新江, 海柯・艾博斯. 决定中国企业海外收购成败的因素分析[J]. 管理世界, 2010 (3): 97–106.

[53] 张利, 王晶. 基于EVA的国内体育产业上市公司经营业绩研究[J]. 财会通讯, 2016 (24) : 125–128.

[54] 张琴. 技术背景CEO、技术创新与企业绩效——基于民营高科技企业的实证分析[J]. 经济问题, 2018 (5) : 82–87.

[55] 张耀伟. 董事会治理评价、治理指数与公司绩效的实证研究[J].管理科学, 2008 (5) : 11–18.

[56] 张莹, 陈颇. 中国体育产业上市公司的绩效评价及影响因素——基于面板数据的DEA–Tobit实证研究[J]. 武汉体育学院学报, 2016 (12) : 34–41

[57] 赵先进. 企业家背景特征对企业国际化战略选择的影响研究——来自中国上市公司国际化的证据[J]. 国际商务研究, 2011(3): 72–80.

[58] 郑准. 关系网络、资源获取与企业国际化关系研究[D]. 长沙: 中南大学, 2009.

[59] 周建, 陈晓燕. 战略治理: 企业可持续竞争优势新源泉[N]. 中国社会科学报, 2010–09–30.

[60] 周建, 金媛媛, 刘小元. 董事会资本研究综述[J]. 外国经济与管理, 2010 (12) : 27–35.

[61] 周建, 金媛媛, 袁德利. 董事会人力资本、CEO权力对企业研发投入的影响研究——基于中国沪深两市高科技上市公司的经验证据[J]. 科学学与科学技术管理, 2013 (3) : 170–180.

[62] 周建, 李小青, 金媛媛, 尹翠芳. 基于多理论视角的董事会——CEO关系与公司绩效研究述评[J]. 外国经济与管理, 2011 (7) : 49–57.

[63] 周建, 李小青. 董事会认知异质性对企业创新战略影响的实证研究[J]. 管

理科学, 2012(6): 1–12.

[64] 周建, 任尚华, 金媛媛. 董事会资本对企业 R & D 支出的影响研究——基于中国沪深两市高科技上市公司的经验证据[J]. 研究与发展管理, 2012(1): 67–77.

[65] 周建, 袁德利. 公司治理机制与公司绩效: 代理成本的中介效应[J]. 预测, 2013 (2) : 18–25.

[66] Zhou J, George J M. When Job Dissatisfaction Leads to Creativity: Encouraging the Expression of Voice[J]. Academy of Management Journal, 2001, 44(4): 682-696 .Amason A C, Sapienza H J. The Effects of Top Management Team Size and Interaction Norms on Cognitive and Affective Conflict[J]. Journal of Management. 1997, 23(4): 495-516.

[67] Andersen O. Internationalization and Market Entry Mode: A Review of Theories and Conceptual Frameworks [J]. Management International Review, 1997, 37(2): 27-42.

[68] Andrews K. Directors' Responsibility for Corporate Strategy [J]. Harvard Business Review, 1980, (Nov./ Dec.): 112-119.

[69] Arrow K J. Higher Education as a Filter[J]. Journal of Public Economics, 1973, 2(3): 193-216.

[70] Autio E. Creative Tension: the Significance of Ben Oviatt's and Patricia McDougall's Article toward a Theory of International New Ventures[J]. Journal of International Business Studies, 2005, 36 (1) : 9-19.

[71] Badrul M M, Arifur K, Getie M D. The Effect of Board Capital and CEO Power on Corporate Social Responsibility Disclosures[J]. Journal of Business Ethics, 2018, 150(1): 41-56.

[72] Ball D, McCulloch W H. International Business: The Challenge of Global Competition[M]. Boston: Irwin/McGraw-Hill Boston, 1999.

[73] Bammens Y, Voodeckers W, Vangils A. Board of Directors in Family Businesses: A Literature Review and Research Agenda [J]. International Journal of Management Review, 2011, 13(2):134-152.

[74] Bantel K A, Jackson S E. Does the Composition of the Top Team Make a Difference[J]? Strategic Management Journal, 1989, 10:107-124.

[75] Barney J B. Firm Resources and Sustained Competitive Advantage[J]. Journal of Management, 1991, 17(1): 99-120.

[76] Barney J B. Strategic Factor Markets, Expectations, Luck, and Business Strategy [J].Management Science, 1986, 42: 1231-1241.

[77] Barroso C, Villegas M M, Pérez-Calero L. Board Influence on a Firm's Internationalization [J]. Corporate Governance: An International Review, 2011, 19(4): 351-367.

[78] Baum J, Calabrese T, Silverman B. Don't Go it alone：Alliance Network Composition and Start-ups Performance in Canadian Biotechnology[J]. Strategic Management Journal, 2000, 21(3): 267-294.

[79] Bausch A, Krist M. The Effect of Context Related Moderators on the Internationalization-performance Relationship: Evidence from Meta-analysis[J]. Management International Review, 2007, 47(3): 1-29.

[80] Baysinger B, Hoskisson R E. The Composition of Boards of Directors and Strategic Control: Effects on Corporate Strategy [J]. Academy of Management Review, 1990, 15(1): 72-87.

[81] Biemans W. User and Third-party Involvement in Developing Medical Equipment Innovations. Technovation 1991, 11(3):163-182.

[82] Bilkey W J, Tesar G. The Export Behavior of Smaller-Sized Wisconsin Manufacturing Firms[J]. Journal of International Business Studies, 1977, 8(1): 93-98.

[83] Blankenburg H D, Eriksson K, Johanson J. Business Networks and Cooperation in International Business Relationships[J]. Journal of International Business Studies, 1996, 27(5):1033-1053.

[84] Boisot M, Meyer M. Which Way through the Open Door? Reflections on the Internationalization of Chinese Firms[J].Management and Organization Review, 2008, 4(3): 349-365.

[85] Bonaccorsi A. On the Relationship Between Firm Size and Export Intensity[J]. Journal of International Business Studies, 1992, 23(4):605-635 .

[86] Bourdieu P. Le Capital Social: Notes Provisoires[J]. Actes de la Recherche en Sciences Sociales, 1980, 31: 2-3.

[87] Boyd B K. Board Control and CEO Compensation[J]. Strategic Management Journal, 1994, 15(5): 335-344.

[88] Buckley P J, Casson M. The Future of the Multinational Enterprise[M]. London : Macmillan, 1976.

[89] Buckley P J, Clegg L J, Cross A R, Liu X, Voss H, Zheng P. The Determinants of Chinese Outward Foreign Direct Investment [J]. Journal of International Business Studies, 2007, 38(4): 499-518.

[90] Carpenter M A, Sanders W, Gregersen G. Bundling Human Capital with Organizational Context: The Impact of International Assignment Experience on Multinational Firm Performance and CEO Pay[J]. Academy of Management Journal, 2001, 44(1): 493–511.

[91] Carpenter M A, Westphal J D. The Strategic Context of External Network Ties: Examining the Impact of Director Appointments on Board Involvement in Strategic Decision Making[J]. Academy of Management Journal, 2001, 44(4): 639-660.

[92] Castanias R P, Helfat C E. The Managerial Rents Model: Theory and Empirical Analysis[J]. Journal of Management, 2001, 27(2): 661- 678.

[93] Caves R E. International Corporations: The Industrial Economics of Foreign Investment[J]. Economics, 1971, 38(3): 1-27.

[94] Cavusgil S, Knight G. Innovation, Organizational Capabilities and the Born-global Firm[J]. Journal of International Business Studies, 2004, 35 (2) : 124 – 141.

[95] Certo S T, Lester T H, Dalton C M, Dalton D R. Top Management Teams, Strategy and Financial Performance: A Meta-analytic Examination[J]. Journal of Management Studies, 2006, 43(4):813-839.

[96] Child J, Rodrigues S B. The Internationalization of Chinese Firms: A Case for Theoretical Extension[J]. Management and Organization Review, 2005, 1(3):381-410.

[97] Child J. Organization Structure, Environment, and Performance: The Role of Strategic Choice [J]. Sociology, 1972, 6(1): 1-22.

[98] Cohen W, Levinthal D. Absorptive Capacity: A New Perspective on Learning and Innovation[J]. Administrative science quarterly, 1990, 35(1):128-152.

[99] Cohen S, Bailey D. What Makes Teams Work: Group Effectiveness Research from the Shop Floor to the Executive suite[J]. Journal of Management, 1997, 23(1): 239-290.

[100] Combs J G, Ketchen D J, Perryman A A, Donahue M S. The Moderating Effect of CEO Power on the Board Composition–Firm Performance Relationship[J]. Journal of Management Studies, 2007, 44(8): 1299-1323.

[101] Coviello N, Munro H. Network Relationships and the Internationalization

Process of Small Software Firms[J]. Journal of International Marketing, 1997, 7(4): 42-66 .

[102] Crabtree R G , Gomolka E G. Perceptual Barriers to Consultant Utilization: An Examination of Why Manufacturers don't Use Consultants and What can do about It[A]. Proceedings of the International Council for Small Business, 1991: 76–84.

[103] D'Aveni R A. Hypercompetition: Managing the Dynamics of Strategic Maneuvering [M] . New York: The Free Press, 1994.

[104] Daily C M, Dalton D R. Bankruptcy and Corporate Governance: The Impact of Board Composition and Structure [J]. Academy of Management Journal, 1994, 37(6): 1603-1617.

[105] Daily C M, Johnson J L. Sources of CEO Power and Firm Financial Performance: A Longitudinal Assessment[J]. Journal of Management, 1997, 23(2): 97-117.

[106] Daily C M, Schwenk C. Chief Executive Officers, Top Management Teams, and Boards of Directors: Congruent or Countervailing Forces[J]? Journal of Management, 1996, 22(2): 185-208.

[107] Dakhli M, De Clercq D. Human Capital, Social Capital, and Innovation:A Multi-country Study[J]. Entrepreneurship & Regional Development: An International Journal , 2004, 16(2):107-128.

[108] Dalton D R, Kesner I F. Composition and CEO Duality in Boards of Directors: An International Comparison[J]. Journal of International Business Studies, 1987, 18(3): 33-42.

[109] Dalziel T, Gentry R J, Bowerman M. An Integrated Agency–Resource Dependence View of the Influence of Directors' Human and Relational Capital on Firms' R & D Spending[J]. Journal of Management Studies, 2011, 48 (6):1217-1242.

[110] Daniels J D, Bracker J. Profit Performance: Do Foreign Operations Make a Difference[J]? Management International Review, 1989, 29(1):46-56.

[111] Datta D K, Rajagopalan N. Industry Structure and CEO Characteristics: An Empirical Study of Succession Events[J].Strategic Management Journal, 1998, 19(9): 833-852.

[112] David H. Toward a New Consensus: Answering the Dangers of Globalization [J]. Harvard International Review, 2005, 27(2): 14-23.

[113] Davidsson P, Honig B L.The Role of Social and Human Capital among Nascent Entrepreneurs[J].Journal of Business Venturing, 2003, 18(3): 301-331.

[114] Davis J H, Schooman D F, Donaldson L. Toward a Stewardship Theory of Management [J]. Academy of Management Review, 1997, 22(1): 20-47.

[115] Day D V, Lord R G. Expertise and Problem Categorization: The Role of Expert Processing in Organizational Sense Making[J]. Journal of Management Studies, 1992, 29(2): 35-47.

[116] Delgado-Gómez J M, Ram'1rez-Alesón M, Espitia-Escuer M A. Intangible Resources as A Key Factor in the Internationalisation of Spanish Firms [J]. Journal of Economic Behavior & Organization, 2004, 53(4):477-494.

[117] Donaldson L.The Ethereal Hand: Organizational Economics and Management Theory [J]. Academy of Management Review, 1990, 15(3): 369-381.

[118] Donaldson T, Preston L. The Stakeholder Theory of the Corporation: Concepts, Evidence, and Implications [J]. Academy of Management Review, 1995, 20(1): 65-91.

[119] Dunning J H. Multinational Enterprises and the Global Economy [M]. Mass: Addison-Wesley Publishing Co., 1993.

[120] Eisenhardt K M. Agency Theory: An Assessment and Review[J]. Academy of Management Review, 1989, 14(1): 57–74.

[121] Ellstrand A E, Tihanyi L, Johnson J L. Board Structure and International Political Risk[J]. Academy of Management Journal, 2002, 45(4):769-777.

[122] Eriksson K, Johanson J, Majkgard A, Sharma D. Experiential Knowledge and Cost in the Internationalization Process[J]. Journal of International Business Studies, 1997, 28(2): 337-360.

[123] Fama E. Agency Problems and theory of the Firm[J]. Journal of Political Economy, 1980, 88(2): 288-307.

[124] Finkelstein S. Power in Top Management Teams: Dimensions, Measurement, and Validation[J]. Academy of Management Journal, 1992 , 35(3):505-538.

[125] Florida R , Cushing R, Gates G. When Social Capital Stifles Innovation[J]. Harvard Business Review , 2002, 80(2):20.

[126] Forb R H. Outside Directors and the Privately-owned Firm: Are they Necessary [J]. Entrepreneurship Theory and Practice, 1988, 13(1): 49-57.

[127] Forbes D P, Milliken F J. Cognition and Corporate Governance: Understanding Boards of Directors as Strategic Decision-making Groups [J]. Academy of Management Review, 1999, 24(4): 489-505.

[128] Frank M, Jeanne H. Balancing Board? The Effects of Board Independence and Capital on Firms Offering Work-family Benefits[J]. Human Resource Management. 2018, 57(2): 457-469.

[129] Gaur A S, Delios A, Singh K. Institutional Environments, Staffing Strategies, and Subsidiary Performance [J]. Journal of Management, 2007, 33(4): 611-636.

[130] Geletkanycz M A, Hambrick D C. The External Ties of Top Executives: Implications for Strategic Choice and Performance[J]. Administrative Science Quarterly 1997, 42(4): 654-681.

[131] Golden B R, Zajac E J. When will Boards Influence Strategy? Inclination× Power = Strategic Change [J]. Strategic Management Journal, 2001, 22(12): 1087-1111.

[132] Goll I, Johnson N B, Rasheed A A. Knowledge Capability, Strategic Change, and Firm Performance: The Moderating Role of the Environment [J]. Management Decision, 2007, 45(2): 161-179.

[133] Gomes L, Ramaswamy K. An Empirical Examination of the Form of the Relationship Between Multinationality and Performance [J]. Journal of International Business Studies, 1999, 30(3): 173-187.

[134] Gradstein M, Justman M. Human Capital, Social Capital, and Public Schooling[J]. European Economic Review, 2000;44(6):879-891.

[135] Grant R M. Multinationality and Performance among British Manufacturing Companies [J]. Journal of International Business Studies , 1987, 18(2): 79-89.

[136] Gunz H P, Jalland M R. Managerial Careers and Business Strategies[J]. Academy of Management Review, 1996, 21(3) :718–756.

[137] Hambrick D C, Msaon P A. Upper Echelons: The Organization as a Reflection of its Top Managers [J]. Academy of Management Review, 1984, 9(2) : 193-206.

[138] Hara G, Kanai T. Entrepreneurial Networks across Oceans to Promote International Strategic Alliances for Small Businesses[J]. Journal of Business Venturing, 1994, 9(6):489-507.

[139] Harrison J R. The Strategic Use of Corporate Board Committees[J]. California Management Review, 1987, 30(4): 109-125.

[140] Haynes K T, Hillman A. The Effect of Board Capital and CEO Power on Strategic Change[J]. Strategic Management Journal, 2010, 31(11): 1145-1163.

[141] Hendry K, Kiel G C. The Role of the Board in Firm Strategy: Integrating Agency and Organizational Control Perspectives [J]. Corporate Governance: An International Review, 2004, 12(4): 500-520.

[142] Herrmann P, Datta D K. Relationships between Top Management Team Characteristics and International Diversification: an Empirical Investigation [J]. British Journal of Management, 2005, 16(2): 69-78.

[143] Hillman A J, Dalziel T. Boards of Directors and Firm Performance: Integrating Agency and Resource Dependence Perspectives [J]. The Academy of Management Review 2003, 28(3):383-396.

[144] Hitt M A, Bierman L, Uhlenbruck K, Shimizu K. The Importance of Resources in the Internationalization of Professional Service Firms: The Good, the Bad, and the Ugly [J]. Academy of Management Journal, 2006, 49(6): 1137-1157.

[145] Hitt M A, Hoskisson R E, Kim H. International Diversification: Effects on Innovation and Firm Performance in Product Diversified Firms[J]. Academy of Management Journal, 1997, 40(4): 767-798.

[146] Hunter J E, Hunter R F. Validity and Utility of Alternate Predictions of Job Performance[J]. Psychological Bulletin, 1984, 96(1):72-98.

[147] Hymer S. The International Operations of National Firms: A Study of Direct Foreign Investment[M]. Cambridge, Mass: MIT Press, 1976.

[148] Jackson P B, Thoits P A, Taylor H F. Composition of the Workplace and Psychological Wellbeing: the Effects of Tokenism on America's Black Elite. Social Forces , 1995, 74(2): 543-557.

[149] Jantunen A, Puumalainen K, Saarenketo S, Kyläheiko K. Entrepreneurial Orientation, Dynamic Capabilities and International Performance[J]. Journal of International Entrepreneurship. 2005, 3(3) :223-243.

[150] Jensen M C, Meckling W H. Theory of the Firm: Managerial Behavior, Agency Costs and Ownership Structure[J]. Journal of Financial Economics, 1976, 3(4): 305-360.

[151] Johanson J, Vahlne J. The Internationalization Process of the Firm-A Model of Knowledge Development and Increasing Foreign Market Commitments[J]. Journal of International Business Studies, 1977. 8(1): 23-32.

[152] Johnson J L, Daily C M, Ellstrand A E. Boards of Directors: A Review and Research Agenda [J]. Journal of Management, 1996, 22(3):409-438.

[153] Judge W Q, Zeithaml C P. Institutional and Strategic Choice Perspectives on Board Involvement in the Strategic Decision Process[J]. Academy of Management Journal, 1992, 35(4): 766-794.

[154] KiM Y, Cannella A. Toward a Social Capital Theory of Director Selection[J]. Corporate Governance：An International Review, 2008, 16(4)：282-293.

[155] KiM Y. Board Network Characteristics and Firm Performance in Korea[J]. Corporate Governance: An International Review. 2005, 13 (6): 800-808.

[156] Klein G A. Sources of Power: How People Make Decisions[M]. Cambridge, MA: MIT Press, 1999.

[157] Kogut B. Designing Global Strategies: Profiting from Operation Flexibility[J]. Sloan Management Review , 1985, 27(1):27-38.

[158] Kor Y Y, Sundaramurthy C. Experience-Based Human Capital and Social Capital of Outside Directors. Journal of Management. 2009, 35(4):981-1006.

[159] Kor Y Y. Direct and Interaction Effects of Top Management Team and Board Composition on R & D Investment Strategy[J]. Strategic Management Journal, 2006, 27(11):1081-1099.

[160] Kosnik R D. Greenmail: A Study of Board Performance in Corporate Governance [J]. Administrative Science Quarterly, 1987, 32(2): 163-185.

[161] Kriger M P, Rich P J. Strategic Governance: Why and How MNCs are Using Boards of Directors in Foreign Subsidiaries[J]. Columbia Journal of World Business, 1987(Winter): 39-45.

[162] Li H, Atuahene-Gima K. Product Innovation Strategy and Performance of New Technology Ventures in China[J]. Academy of Management Journal, 2001, 44 (6): 1123–1134.

[163] Li J, Rugman A M. Real Options and the Theory of Foreign Direct Investment[J].International Business Review, 2007, 16:687-712.

[164] Li L.Multinationality and Performance: A Synthetic Review and Research Agenda [J]. International Journal of Management Reviews, 2007, 9(2): 117- 139.

[165] Lorsch J W. Pawns or Potentates? The Reality of America's Corporate Boards[M]. Boston: Harvard Business School Press, 1989.

[166] Mace M. Directors: Myth and Reality [M]. Boston, MA: Harvard Business School Press, 1971.

[167] Macey J R, O'Hara M. The Corporate Governance of Banks[J]. Economic Policy Review, 2003, 9(1): 91-107.

[168] Madhavaram S, Hunt S D. The Service-dominant Logic and a Hierarchy of Operant Resources: Developing Masterful Operant Resources and Implications for Marketing Strategy [J]. Journal of the Academy of Marketing Science, 2008, 36(1):67-82.

[169] Manolova T S, Manev I M, Gyoshev B S. In Good Company: The Role of Personal and Inter-firm Networks for New-venture Internationalization in a Transition Economy[J]. Journal of World Business, 2010, 45(3):257-265.

[170] March J G. The Power of Power, in Easton D. Varieties of Political Theory[A]. New Jersey: Prentice-Hall, 1966:39-70.

[171] McFadyen M A, Cannella A. Social Capital and Knowledge Creation: When do Marginal Costs Associated with Social Capital Exceed Marginal Benefits?[J]. Academy of Management Journal, 2004, 47(5): 735 -746.

[172] McNulty T, Pettigrew A. Strategists on the Boards [J]. Organization Studies, 1999, 20(1): 47-74.

[173] Meyer K E, Gelbuda M. Process Perspectives in International Business Research in CEE[J]. Management International Review, 2006, 46(2) : 143-164.

[174] Mezias J M, Starbuck W H. Studying the Accuracy of Managers' Perceptions: A Research Odyssey[J]. British Journal of Management, 2003, 14(1): 3-17.

[175] Miller C C, Burke L M, Glick W H. Cognitive Diversity among Upper-echelon Executives: Implications for Strategic Decision Processes[J]. Strategic Management Journal, 1998, 19(1): 39-58.

[176] Miller K D. Economic Exposure and Integrated Risk Management[J]. Strategic Management Journal, 1998, 19(5):497-514.

[177] Mizruchi M S. What do Interlocks Do? An Analysis, Critique, and Assessment of Research on Interlocking Directorates[J]. Annual Review of Sociology, 1996, 22(2):271-298.

[178] Nielsen S. Top Management Team Internationalization and Firm

Performance: The Mediating Role of Foreign Market Entry [J]. Management International Review, 2010, 50(2): 185-206.

[179] O'Hagan S, Green M B. Corporate Knowledge Transfer via Interlocking Directorates: A Network Analysis Approach[J]. Geoforum, 2004, 35(1): 127-139.

[180] Offstein E H, Gnyawali D R, Cobb A T. A Strategic Human Resource Perspective of Firm Competitive Behavior[J]. Human Resource Management Review, 2005, 15(4): 305-318.

[181] Oliver C. Sustainable Competitive Advantage: Combing Institutional and Resource-based Views[J]. Strategic Management Journal, 1997, 18(9):697-713.

[182] Oliver C. Strategic Responses to Institutional Processes[J]. Academy of Management Review, 1991, 16(1): 145-179.

[183] Pearce J A, Zahra S A. The Relative Power of CEOs and Boards of Directors: Associations with Corporate Performance [J]. Strategic Management Journal, 1991, 12(2): 135-153.

[184] Pearce J A, Zahra S A. Board Composition from a Strategic Contingency Perspective [J]. Journal of Management Studies, 1992, 29(4): 411-438.

[185] Peng M W. Global Strategy [M]. Cincinnati OH: South Western Educational Publishing, 2008.

[186] Penrose E.The Theory of the Growth of the Firm[M]. New York Oxford University Press, 1959.

[187] Pfeffer J. Size and composition of corporate boards of directors[J]. Administrative Science Quarterly, 1972(17):218-229.

[188] Pfeffer J, Salancik G R. The External Control of Organizations: A Resource-dependence Perspective[M]. New York: Harper & Row, 1978.

[189] Pitcher P, Smith A D. Top Management Team Heterogeneity: Personality, Power, and Proxies[J]. Organization Science, 2001, 12(1):1-18.

[190] Porter M. The Competitive Advantage of Nations[M]. New York: The Free Press, 1990.

[191] Prahalad C, Hamel G.Strategy as a Field of Study: Why Search for a New Paradigm[J]? Strategic Management Journal, 1994, 15(S2): 5-16.

[192] Prahalad C K, Bettis R A. The Dominant Logic：A New Linkage between Diversity and Performance[J]. Strategic Management Journal, 1986, 7(6)：485-501.

[193] Priem R L, Lyon D W, Dess G G. Inherent Limitations of Demographic Proxies in Top Management Team Heterogeneity Research[J]. Journal of Management, 1999, 25(6): 935-953.

[194] Ravasi D, Zattoni A. Exploring the Political Side of Board Involvement in Strategy: A Study of Mixed-ownership Institutions[J]. Journal of Management Studies, 2006, 43(8): 1673-1704.

[195] Rindova V P. What Corporate Boards have to do with Strategy: A Cognitive Perspective[J]. Journal of Management Studies, 1999, 36(7): 953-975.

[196] Robinson R D. Internationalization of Business: An Introduction[M]. Chicago: The Dryden Press, 1984.

[197] Roth K, O'Donnell S. Foreign Subsidiary Compensation Strategy: An Agency Theory Perspective[J]. Academy of Management Journal, 1996, 39(3): 678-703.

[198] Ruigrok W, Peck S, Keller P. Board Characteristics and Involvement in the Strategic Decision-making: Evidence from Swiss Companies [J]. Journal of Management Studies, 2006, 43(5): 1201-1226.

[199] Sanders W G, Carpenter M A. Internationalization and Firm Governance: The Roles of CEO Compensation, Top Team Composition, and Board Structure [J]. Academy of Management Journal, 1998, 41: 158-178.

[200] Sanders W M, Carpenter M A. Internationalization and Firm Governance: The Roles of CEO Compensation, Top Team Composition, and Board Structure[J]. Academy of Management Journal.1998, 41(2):158-178.

[201] Schmidt S L, Brauer M. Strategic Governance: How to Assess Board Effectiveness in Guiding Strategy Execution [J]. Corporate Governance:An International Review, 2006, 14(1):13-22.

[202] Schultz T W. Investment in Human Capital [J]. American Economic Review, 1961, 51(1): 1-17.

[203] Sherman H D, Kashlak R J, Joshi M. P. The Effect of the Board and Executive Committee Characteristics on the Degree of Internationalization [J]. Journal of International Management, 1998, (4): 311-335.

[204] Shleifer A, Vishny R W. Politicians and Firms [J]. Quarterly Journal of Economics, 1994, 109(4): 995-1025.

[205] Smith K G, Grimm C, Gannon M, Chen M. Organizational Information-

processing, Competitive Responses and Performance in the U.S. Domestic Airline Industry [J]. Academy of Management Journal, 1991, 34(1), 60- 85.

[206] Stiles P, Taylor B. Boards at Work, How Directors View Their Roles and Responsibilities[M]. New York: Oxford University Press, 2001.

[207] Sullivan D. Measuring the Degree of Internationalization of a Firm[J]. Journal of International Business Studies, 1994, 25(2): 325-342.

[208] Tan J J, Litschert R J. Environment-strategy Relationship and Its Performance Implications: An Empirical Study of the Chinese Electronics Industry[J]. Strategic Management Journal, 1994, 15(1):1-20.

[209] Tashakori A, Boulton W R. A Look at the Board's Role in Planning [J]. Journal of Business Strategy, 1983, 3(3): 64-70.

[210] Tian J, Haleblian J, Rajagopalan N. The Effects of Board Human and Social Capital on Investor Reactions to New CEO Selection [J]. Strategic Management Journal, 2011, 32(7): 731-747.

[211] Tihanyi L, Johnson R A, Hoskisson R E, Hitt M A. Institutional Ownership Differences and International Diversification: The Effects of Boards of Directors and Technological Opportunity [J]. Academy of Management Journal, 2003, 46(2): 195-211.

[212] Tihanyi L, Ellstrand A E, Daily C M, Dalton D R. Composition of the Top Management Team and Firm International Diversification [J]. Journal of Management, 2000, 26(6): 1157-1177.

[213] Tuggle C S, Schnatterly K, Johnson R A. Attention Patterns in the Boardroom: How Board Composition and Processes Affect Discussion of Entrepreneurial Issues [J]. Academy of Management Journal, 2010, 53 (3):550-571.

[214] Walt N V, Ingley C. Evaluating Board Effectiveness: The Changing Context of Strategic Governance[J]. Journal of Change Management, 2001, 1(4): 313-331.

[215] Wan W P, Hoskisson R E. Home Country Environment, Corporate Diversification Strategies, and Firm Performance[J]. Academy of Management Journal. 2003, 46(1): 27-45.

[216] Weisbach M S. Outside Directors and CEO Turnover [J]. Journal of Financial Economics, 1988, 20 (Jan./Mar.): 431-460.

[217] Wernerfelt B. A Resource-based View of the Firm [J]. Strategic Management Journal, 1984, 5:171-180 .

[218] Westphal J D, James D. Collaboration in the Boardroom: Behavioral and Performance Consequences of CEO-board Social Ties[J]. Academy of Management Journal, 1999, 42(1): 7-24.

[219] Wincent J, Anokhin S, Ortqvist D. Does Network Board Capital Matter? A Study of Innovative Performance in Strategic SME Networks[J]. Journal of Business Research, 2010, 63(3): 265-275.

[220] Wincent J, Sergey A, Hakan B. Network Board Continuity and Effectiveness of Open Innovation in Swedish Strategic Small-firm Networks[J]. R & D Management, 2009, 39(1): 55–67.

[221] Zahra S A, Neubaum D O, Naldi L. The Effects of Ownership and Governance on SMEs' International Knowledge based Resources[J]. Small Business Economics, 2007, 9(1): 309-327.

[222] Zahra S, Pearce J. Boards of Directors and Corporate Financial Performance: A Review and Integrative Model[J]. Journal of Management, 1989, 15(2): 291-334.

[223] Zajac E J, Westphal J D. Who Shall Succeed? How CEO/Board Preferences and Power Affect the Choice of New CEOs[J]. Academy of Management Journal, 1996, 39(1):64-90.

附录：体育概念上市公司样本一览

证券代码	公司名称	体育概念	交易市场
600158	中体产业	1. 国家体育总局唯一控股的上市公司。 2. 公司经营范围：体育产品的生产、加工、销售；体育商品的国内贸易与进出口贸易；运动休闲产品的开发；体育商业比赛的承办等。	上海证券交易所
002105	信隆健康	1. 建立运动、健康、休闲的“大健康”产业链集群。 2. 建设少儿健身“瑞姆乐园”。	深圳证券交易所
000599	青岛双星	1. 生产球鞋等体育用品。 2. 投资青岛双星篮球俱乐部。	深圳证券交易所
603555	贵人鸟	1. 运动鞋、服装制造。 2. 与虎扑体育及体协设立赛事互联网视频公司。	上海证券交易所
000558	莱茵体育	1. 主营业务：体育活动的组织、策划；体育场馆设计运营管理；体育用品的研发与销售等。 2. 设立浙江体育产业基金。	深圳证券交易所
300162	雷曼股份	1. 赛场LED显示屏设备赞助及服务。 2. 开创了“LED+足球营销”商务模式，开发“第12人APP”。 3. 设立雷曼凯兴体育文化基金。	深圳证券交易所
600749	西藏旅游	1. 经营范围：徒步、特种旅游、探险活动的组织。	上海证券交易所
002181	粤传媒	1. 负责《足球报》等体育系列报刊的经营管理。 2. 体育彩票。	深圳证券交易所
600386	北巴传媒	1. 投资体育之窗在新三板上市。	上海证券交易所
002395	双象股份	1. 与无锡市产业引导股权投资基金设立体育产业投资基金。	深圳证券交易所

证券代码	公司名称	体育概念	交易市场
300291	华录百纳	1. 成立北京华录蓝火体育产业发展有限公司。 2. 获2015年欧洲篮球冠军联赛中国区独家运营权。	深圳证券交易所
600287	江苏舜天	1. 投资中超江苏舜天足球俱乐部。	上海证券交易所
002264	新华都	1. 与英特体育国际有限公司合作，在全国16个省市独家共建零售体育用品专卖店。	深圳证券交易所
600633	浙报传媒	1. 承办全国电子竞技大赛（NEST），该赛事成为目前中国官方认可的唯一全国综合性电子竞技体育赛事。	上海证券交易所
600358	国旅联合	1. 拥有国旅体育公司。 2. 收购北京盈博讯彩网络科技有限公司，涉足体育培训等产业。	上海证券交易所
002486	嘉麟杰	1. 高端户外用品功能性面料供应商。 2. 经营户外体育用品。	深圳证券交易所
600881	亚泰集团	1. 投资长春亚泰足球俱乐部。	上海证券交易所
600018	上港集团	1. 收购上海东亚足球俱乐部。 2. 拥有上海上港足球俱乐部。	上海证券交易所
300043	互动娱乐	1. 控股西班牙人足球俱乐部。	深圳证券交易所
300005	探路者	1. 户外用品创造。 2. 设立体育产业基金。 3. 建立“户外用品+户外银行+体育运动”生态战略。	深圳证券交易所

注：以上信息截至2017年12月31日